En route vers le mariage

Malgré les zones de construction, les détours et les rues barrées...

Caroline P. Mook

Illustration de la couverture : Charlène Daguin

Éditions : Passion374
CP 23526
Montreal, QC, Canada H1E 7R1
www.passion374.com

Première impression : 2019
Imprimé au Canada

Dépôt légal :
Bibliothèque et Archives nationales du Québec, 2019
Bibliothèque et Archives nationales du Canada, 2019

Copyright © 2019 par Passion374
Tous droits réservés. Excepté une utilisation à but journalistique justifiée, aucune partie de cet ouvrage ne peut être reproduite, sous quelque forme que ce soit, sans l'accord écrit de l'éditeur.

Sauf indication contraire, les textes bibliques sont tirés de la version Louis Segond - LSG (1910).

Le générique masculin est utilisé sans discrimination et uniquement dans le but d'alléger le texte.

REMERCIEMENTS

Un merci tout spécial à Denise Messier et Nahal Derayeh pour leur aide précieuse quant à l'édition, ainsi que Charlène Daguin pour ses talents artistiques.

TABLE DES MATIÈRES

	Introduction	
1	Le don de célibat	1
2	Prêt à se marier	17
3	Ces peurs qui sabotent nos relations	33
4	Le mythe de l'attente	55
5	Faire fausse route	75
6	La vraie mission	101
7	Un bon candidat pour le mariage	117
8	Et si la raison était spirituelle?	141
9	Constance, foi et persévérance	159
10	Conclusion	183

INTRODUCTION

Mon mari et moi nous nous dévouons aux célibataires chrétiens depuis plusieurs années. Ils sont toujours dans notre cœur et nous sommes constamment en recherche de nouveaux moyens pour les soutenir dans leurs besoins. En janvier 2015, nous avons commencé un blogue pour leur partager hebdomadairement des encouragements et des enseignements inspirés par la Parole de Dieu. Nous avons vite senti la nécessité de les réunir, de créer des événements où les célibataires chrétiens de toutes les églises pourraient se retrouver et être édifiés dans leur foi. En septembre de la même année, nous avons organisé notre première conférence à Montréal, malgré beaucoup d'oppositions, tant physiques qu'émotionnelles et spirituelles. Nous ne le savions pas à l'époque, mais par ce rassemblement, nous venions de faire notre premier pas dans ce ministère interéglises qui a, par la suite, rapidement grandi.

Pour servir les célibataires avec efficacité, nous avons fait beaucoup de recherches et nous avons écouté d'innombrables cris du cœur. Que ce soit en discutant avec des participants après une conférence ou en analysant une situation particulière lors d'une de nos séances de coaching privé; que ce soit en lisant des courriers électroniques ou en parcourant différents articles et ouvrages traitants sur ces sujets, nous avons réalisé que les célibataires chrétiens font tous face aux mêmes obstacles. J'ai donc décidé de mettre par écrit les raisons les plus communes qui empêchent les enfants de Dieu de trouver leur partenaire.

Ce livre n'a pas la prétention de vous dévoiler ce que vous devez faire pour rencontrer votre futur époux ou future épouse à coup sûr. Vous n'aurez pas nécessairement une personne qui frappera à votre porte le jour où vous terminerez le dernier chapitre. Mais mon mari et moi espérons que vous y trouverez des conseils pratiques et des vérités peut-être étonnantes qui viendront changer votre approche de cette situation. Je suis aussi certaine qu'il y aura des sujets que nous n'aurons pas abordés, car nous continuons nous-mêmes à apprendre. Alors, prenez ce livre comme un outil, mais laissez-vous toujours guider par la Parole de Dieu uniquement. Notre Père céleste est illimité et Il est bien connu pour proposer des solutions auxquelles personne n'aurait songé. « Il t'a (…) nourri de la manne, que tu ne connaissais pas et que n'avaient pas connue tes pères. » (Deutéronome 8.3a) Qui aurait pensé que la manne tomberait du ciel tous les jours pour nourrir des milliers d'Israélites dans le désert? Tous les livres chrétiens peuvent nous suggérer des pistes intéressantes à explorer, mais seule la Parole de Dieu peut nous conduire sur le bon chemin à suivre.

Introduction

Une autre mise en garde s'impose ici. Vous êtes bien sages de vous être procuré ce livre (évidemment!), mais assurez-vous de bien établir vos priorités avant de le lire. Si vous n'avez pas le don de célibat (nous en parlerons plus tard dans ce livre), si vous désirez vous marier, c'est très bien, mais n'en faites pas votre mission de vie, votre but ultime! Un but est un objectif que vous voulez réaliser; un projet sur lequel vous travaillez pour qu'il s'accomplisse dans un temps donné. Même si vous devez travailler à vous améliorer pour être un meilleur match potentiel, même s'il est bon de faire des activités pour trouver un ou une partenaire, vous ne pouvez pas contrôler l'issue de vos efforts dans ce domaine. Lorsque vous travaillez fort à un but qui ne se réalise pas au moment espéré, il va s'en suivre inévitablement de la frustration et même de la dépression. Un mariage est un contrat entre deux personnes, la moitié du contrat ne dépend donc pas de vous! Comme vous ne pouvez pas contrôler tout le processus, vous ne pouvez pas dire que le mariage est un de vos buts. Cela peut être un rêve, un désir, une prière, mais ce n'est pas votre but, votre appel.

Pourquoi est-ce important de faire cette distinction? Parce que plusieurs célibataires attendent d'être mariés avant de servir le Seigneur de tout leur cœur. Leur premier but est de se marier, puis ils pourront commencer à vivre, semblent-ils dire. Or, comme une demande en mariage est hors de votre contrôle, vous mettez ainsi l'appel de Dieu pour votre vie en attente pour un temps indéterminé, et durant ce temps, plusieurs âmes en souffrent. C'est un peu ce que reprochait Jésus aux disciples qui se trouvaient des excuses pour ne pas Le suivre immédiatement. « Laisse-moi enterrer mon père », disait l'un dans Luc 9. « Laisse-moi dire adieu à ma famille », disait un autre. Placer la famille ou votre désir d'avoir une famille avant l'appel que Dieu met sur votre vie n'est pas une bonne idée.

Jésus vous a donné des dons et des talents bien particuliers pour une œuvre bien particulière qu'Il a déjà en tête pour vous (Éphésiens 2.10). N'attendez pas d'être marié pour entrer dans votre appel. Ne faites pas attendre Jésus, comme les disciples dans Luc 9. Vous avez d'ailleurs de grandes chances de rencontrer un bon match pendant que vous servez le Seigneur dans votre appel. Chercher un partenaire potentiel est donc important, mais gardez toujours un bon équilibre dans votre emploi du temps en accordant davantage de temps à vos œuvres pour faire croître le Royaume de Dieu.

Voilà, nous sommes prêts à commencer. Bonne lecture!

****

P.S. L'utilisation du genre masculin a été adoptée dans ce livre afin de faciliter la lecture et n'a aucune intention discriminatoire.

CHAPITRE 01
LE DON DE CÉLIBAT

« Est-ce que Dieu veut que je reste célibataire? » La grande majorité des célibataires se sont posé cette question une fois dans leur vie. Quelques-uns ont refusé de se la poser parce qu'ils craignaient la réponse. Pourtant, il est très sage de s'arrêter et de bien réfléchir à notre désir profond de nous marier. Avons-nous vraiment envie de vivre à deux, de servir un partenaire pour le reste de nos jours, dans les bons et les mauvais jours?

Peu de versets parlent du célibat. Puisque Dieu a demandé à l'homme et la femme de se multiplier, la société a vu dans le mariage un passage obligé. Pendant très longtemps, et même encore aujourd'hui, rester seul est mal vu. Le célibat est parfois considéré comme un temps d'attente ou de préparation avant le mariage. Comme si la « vraie » vie commence seulement après les noces... ce qui est ridicule, évidemment. Plusieurs personnages importants dans la Bible étaient célibataires : Jésus étant biensûr l'exemple le plus clair et le plus cité.

Mais pensons aussi à Jérémie et Daniel, Paul, Timothée, et Anne la prophétesse (une veuve). En fait, Paul dit même dans 1 Corinthiens 7.8 qu'il est préférable de rester seul. Alors, est-ce que Dieu veut que je me marie ou pas?

La réponse semble venir d'une parole de Jésus. « Il leur répondit : tous ne comprennent pas cette parole, mais seulement ceux à qui cela est donné. Car il y a des eunuques qui le sont dès le ventre de leur mère, il y en a qui le sont devenus par les hommes, et il y en a qui se sont rendus tels eux-mêmes, à cause du royaume des cieux. Que celui qui peut comprendre comprenne. » (Matthieu 19.11-12) En d'autres mots, certaines personnes resteront toujours célibataires. C'est ce qu'on nommait des « eunuques » à l'époque. Comme le décrit Jésus, ces derniers n'ont jamais eu le désir de se marier. D'autres l'ont perdu pour des raisons humaines (blessures, maladies, etc.). Enfin, d'autres ne l'ont pas parce qu'ils ont davantage à cœur l'avancement du Royaume de Dieu. Pour Paul, ne pas avoir le désir de se marier est un don de Dieu qui est exceptionnel. « Je voudrais que tous soient comme moi; mais chacun tient de Dieu un don particulier, l'un d'une manière, l'autre d'une autre » (1 Corinthiens 7.7).

Rares sont ceux qui ont le « don » de rester célibataires. (Certains lecteurs pousseront ici un grand soupir de soulagement!) Chaque personne devrait prendre le temps, à un moment dans sa vie, pour faire une introspection et sérieusement réfléchir à la question : « Est-ce que je désire vraiment me marier? » Peut-être avez-vous eu le don de célibat, mais votre famille (votre mère surtout!) ou la société vous a forcé à chercher un partenaire. Vouloir avoir ce que tout le monde a est souvent la cause de bien des maux.

Une pression de la famille

Dans certaines cultures, se marier et avoir des enfants est presque une obligation. Ceux qui ne veulent pas d'enfant sont considérés comme des égoïstes et ceux qui sont bien seuls sont vus comme de grands malades. « Il y a quelque chose d'anormal avec toi! » Les parents peuvent même sentir qu'ils ont échoué dans l'éducation de leurs enfants si ces derniers n'ont aucun désir de se marier. Ce sentiment d'échec peut bien sûr mettre une pression énorme sur les épaules du jeune adulte à se trouver un partenaire. Mais s'engager dans une vie de couple pour ne pas décevoir ses parents est évidemment une très mauvaise base pour construire un nouveau foyer. Il faut ignorer complètement les ambitions de notre famille lorsque nous réfléchissons à notre futur.

Une fois que nous atteignons la majorité, nous ne sommes plus des enfants. Le verset Éphésiens 6.1 ne s'applique donc plus à nous. « Enfants, obéissez à vos parents, selon le Seigneur, car cela est juste. » Nous n'avons plus à « obéir » à nos parents. Même s'ils vous disent que vous devez vous marier, vous n'êtes pas forcés d'obtempérer! Selon Dieu, une fois adulte, ce qui est requis de nous est d'honorer nos parents. « Honore ton père et ta mère (c'est le premier commandement avec une promesse), afin que tu sois heureux et que tu vives longtemps sur la terre. » (Éphésiens 6.2-3) Le mot « honorer » ici vient du grec « timao » qui signifie « estimer, donner de la valeur ». Nous devons prendre soin de nos parents comme nous le ferions avec quiconque ou quoique ce soit qui a de la valeur pour nous. Dieu en a fait un commandement, car parfois nous cessons de voir leur importance dans notre vie. Que ce soit parce qu'ils nous ont blessés ou que nous ne partageons pas les mêmes objectifs, nous pouvons être tentés de prendre nos distances. Mais faire cela est un péché selon Dieu. Nous devons les honorer, mais nous n'avons plus besoin de leur obéir, puisque nous sommes majeurs. Il faut donc refuser toute pression familiale à se marier; cette décision importante nous appartient à nous seuls.

Une pression de notre église

Nous pouvons aussi sentir la pression de nous marier de la part de notre famille spirituelle. Nous parlons souvent de l'Église comme la fiancée de Jésus, de Dieu comme notre Père, des autres membres comme nos frères et nos sœurs en Christ. Tous ces termes se réfèrent à des valeurs familiales : un message qui est donc récurrent dans nos assemblées. À force de les entendre, nous pouvons croire qu'il n'y a pas de place pour les célibataires dans le Royaume de Dieu, ce qui est bien sûr faux, comme nous l'avons dit plus haut.

Il peut aussi être difficile pour une personne seule d'entrer dans une fonction ecclésiastique. C'est souvent une source de frustrations pour les célibataires. Ces derniers veulent s'engager dans un ministère et postulent à un certain poste, et les candidats mariés prennent la place devant eux. Pour certains célibataires, le mariage devient presque une obligation pour s'investir dans l'Église, ce qui est bien sûr une mauvaise raison pour se marier. Cela met une pression malsaine à trouver un partenaire à tout prix, ou éteint complètement la flamme d'un chrétien à s'impliquer.

Pourquoi les autorités spirituelles ont-elles peur des célibataires? D'accord, le mot « peur » est peut-être exagéré, mais il règne certainement une méfiance. Il n'est pas question ici de la justifier, mais bien de l'expliquer. Les personnes seules cherchent, la plupart du temps, à se marier. Or, une fois qu'elles seront en couple, leur emploi du temps risque fort probablement de changer. Soit Dieu les conduira dans un tout autre ministère ensemble, soit les obligations de la vie les forceront à réduire substantiellement les heures qu'elles donnaient à l'église. Pour un pasteur, il peut être décourageant de nommer un membre à une fonction importante, sachant qu'il pourrait partir après un an ou deux, une fois marié. En ce sens, le célibataire peut être vu comme quelqu'un d'instable.

Lors de la sélection d'un candidat à un poste d'autorité dans l'église, le pasteur est fortement encouragé à suivre les conseils de l'apôtre Paul. « Il faut qu'il dirige bien sa propre maison, et qu'il tienne ses enfants dans la soumission et dans une parfaite honnêteté : car si quelqu'un ne sait pas diriger sa propre maison, comment prend-il soin de l'Église de Dieu? » (1 Timothée 3.4-5) Être célibataire peut rendre « l'évaluation » plus compliquée.

Enfin, il pourrait être délicat pour une personne qui vit des problèmes matrimoniaux de demander des conseils à quelqu'un qui n'est pas en couple. Tout comme un célibataire sans enfant pourrait avoir de la difficulté à répondre à un membre qui a des défis parentaux. Pour toutes ces raisons, nous pouvons comprendre la position des pasteurs. Or, même si ces arguments semblent bien logiques, il ne faut pas oublier les bénéfices que les personnes non mariées peuvent apporter à une congrégation. Beaucoup de célibataires ont eu un impact gigantesque dans le Royaume de Dieu, ainsi que dans l'implantation des premières églises.

Si les parents peuvent rechercher de l'aide d'un autre parent, les célibataires peuvent aussi s'identifier plus facilement à ceux du même statut social lorsqu'ils vivent des difficultés avec leur situation. Appointer en autorité un célibataire de bonne réputation et stable dans sa relation avec Dieu peut permettre à plusieurs personnes de s'y adresser. Les couples mariés peuvent bien sûr assister les célibataires, puisqu'ils sont « passés par là », mais parfois il est bien de parler à quelqu'un « comme nous ».

La plupart du temps, les célibataires ont plus de flexibilité dans leur horaire et aussi plus de disponibilité. C'est un avantage non négligeable pour servir le Seigneur. L'apôtre Paul considérait comme un don d'être célibataire. « Or, je voudrais que vous fussiez sans inquiétude. Celui qui n'est pas marié s'inquiète des choses du Seigneur, des moyens de plaire au Seigneur; et celui qui est marié s'inquiète des choses du monde, des moyens de plaire à sa femme » (1 Corinthiens 7.32-33).

Célibataires, il ne faut pas nous offenser si nous n'avons pas autant de place dans l'église. Nous devons prier pour cela et demander à Dieu où nous pouvons nous impliquer si nous ne pouvons pas le faire dans notre assemblée. Il est toutefois nécessaire de réaliser que cette attitude vient déposer une pression sur notre cœur.

Nous devons la considérer lorsque nous songeons à chercher un partenaire. Se marier pour être plus actif dans l'église est une autre mauvaise raison.

Une pression de la société

La plupart des séries télévisées racontent des histoires d'amour; rien de surprenant puisque la société est formée en grande partie de familles. En fait, la famille était le plan original de Dieu. « L'Éternel Dieu dit : Il n'est pas bon que l'homme soit seul; je lui ferai une aide semblable à lui » (Genèse 2.18). La très grande majorité des gens ont le désir de se marier; pour la plupart des humains, il n'est pas bon d'être seul. Le don de célibat dont parlent Jésus et l'apôtre Paul est réservé à un tout petit nombre. Lorsque nous regardons la société en général, il est donc tout à fait normal de voir principalement des familles.

Toutefois, toutes ces images peuvent venir nous mettre la pression de nous marier. Lorsque nous prenons le temps de nous demander si nous avons vraiment le désir de vivre à deux, posons-nous la question : « Est-ce que je désire cela parce que tout le monde semble vouloir se marier autour de moi? » Souvent, le rêve de plusieurs célibataires est d'être heureux en mariage, avoir 2 à 4 enfants épanouis, dans une maison coquette, avec deux véhicules et peut-être même un chien. Plusieurs poursuivent cette image de succès très répandue dans les médias, mais est-ce vraiment ce que Dieu veut pour notre vie personnelle?

Tout a commencé par l'Indépendance américaine, avec la promesse d'égalité entre les hommes et la possibilité pour tous d'être propriétaire d'une terre, s'ils y mettent des efforts. De l'acquisition d'un lot agraire, l'idée s'est transformée en simple possession d'une maison. Puis, avec l'arrivée de l'ère de la consommation, au symbole de succès s'ajoute aussi la multiplication de biens matériels. Tout cela, ce sont des philosophies humaines, et non un rêve inspiré de Dieu.

Dieu ne veut pas non plus que nous ayons une vie misérable. Il n'a rien contre les richesses du monde, tant que ces dernières ne prennent pas Sa place dans notre cœur. La prière d'Agur, dans Proverbes 30.8b-9 décrit bien ce que devrait être notre désir. « Ne me donne ni pauvreté ni richesse, mais accorde-moi le pain qui m'est nécessaire! Sinon je risquerais, une fois rassasié, de te renier et de dire : "Qui est l'Éternel?" ou, après avoir tout perdu, de voler et de m'en prendre au nom de mon Dieu. » Jésus nous donne aussi ce conseil dans Matthieu 6.33 : « Recherchez d'abord le royaume et la justice de Dieu, et tout cela vous sera donné en plus. »

Lorsque nous découvrons l'appel de Dieu pour notre vie et que nous savons de quelle manière nos talents et nos dons spirituels peuvent édifier son Royaume, nos rêves sont bien différents. Nous désirons le succès de notre appel. La famille et différents biens deviennent de simples moyens d'accomplir plus efficacement le plan de Dieu. Il est donc nécessaire de se demander si notre aspiration au mariage vient de l'image reflétée par la société ou si c'est vraiment notre désir sincère.

Pourquoi se marier?

Nous ne choisissons pas de nous marier pour satisfaire nos propres besoins. Le mariage est un engagement à vie, devant Dieu, où vous jurez que vous prendrez soin d'une autre personne, que vous la rendrez heureuse, que vous la servirez de toutes vos forces. Est-ce vraiment ce que vous aspirez, au plus profond de vous, peu importe ce que le monde pense autour de vous?

Dans le Proverbe 2.17, il est question d'une femme de mauvaise vie. Nous lisons : « Qui abandonne l'ami de sa jeunesse, et qui oublie l'alliance de son Dieu ». Le mariage est une alliance devant Dieu, où deux personnes s'engagent à être le compagnon de l'autre, « son ami », pour le reste de leurs jours. Le mot « ami » dans ce verset vient du mot hébreu « allooph » qui est aussi souvent employé pour décrire la relation d'une personne avec son animal domestique ou son bétail. Bref : « je prends soin de toi, je te

protège, je te donne les meilleures conditions de vie possible, et en retour, tu m'aimes et réponds à certains de mes besoins affectifs. »
Bien entendu, le mariage entre un homme et une femme est bien plus que la compagnie d'un animal domestique! Mais nous comprenons ici l'idée de donner et recevoir. Nous devons toujours nous souvenir de donner davantage à l'autre que ce que nous attendons à recevoir. Ainsi, si tous les deux pensent de cette façon, nous en sortons tous les deux gagnants.

Le mariage, à sa plus simple définition, c'est donc un engagement solennel devant Dieu d'être le meilleur ami de l'autre pour toute la vie, peu importe les circonstances. Dans ce contrat s'ajouteront bien sûr le sexe, les grands projets, possiblement les enfants : ce qui distingue l'amitié entre les époux de toutes les autres relations. Puisque la base d'un mariage est l'amitié, voilà pourquoi il est aussi important de devenir les meilleurs amis du monde avant de se jurer fidélité à l'autel.

Alors, pourquoi se marier? Pour servir, prendre soin, protéger et aider notre ami toute notre vie, peu importe ses sauts d'humeur, jusqu'à ce que la mort nous sépare. Dans de rares exceptions, certains célibataires n'ont pas ce désir. Ils sont bien seuls. C'est une grâce qui leur est faite, un don comme le dit l'apôtre Paul. Avez-vous ce don? Alors, ne laissez pas la famille, l'église ou la société vous détourner de votre état.

Il est aussi possible que vous ayez le don de célibat en ce moment, mais que vous ne l'aurez pas toute votre vie! Vous n'êtes peut-être pas prêts à vous marier. Nous parlerons de cela dans un autre chapitre. Si vous sentez que vous avez ce don en ce moment, adoptez-le et épanouissez-vous dans cet état que Dieu vous accorde. Profitez même de ce temps pour accomplir des œuvres que vous ne pourrez plus faire une fois en couple. Ne vous précipitez pas dans le mariage, ne cédez pas à la pression qui vous environne, suivez Dieu.

Être célibataire signifie être sans partenaire amoureux

Terminons ce chapitre avec une précision importante. Lorsque nous parlons du don de célibat, nous faisons bien sûr référence à la capacité de rester seul, sans avoir de relations sexuelles. Se dire célibataire n'est pas un permis pour vivre en concubinage ou pour forniquer de tous côtés!

Oui, c'est vrai, aucun verset n'indique qu'il faut attendre de se marier pour avoir des relations sexuelles. Plusieurs passages parlent de sexualité. Dieu aime le sexe, c'était son idée! Il a prescrit aux premiers humains de se multiplier et pour ce faire, c'est l'unique façon d'y arriver! Mais Dieu a clairement placé la sexualité dans un contexte de mariage. Dans Genèse 2.24, nous lisons : « C'est pourquoi l'homme quittera son père et sa mère, et s'attachera à sa femme, et ils deviendront une seule chair. » Il y a un ordre des choses ici : nous nous séparons de nos parents, nous nous épousons (s'attacher à sa femme) et ensuite, le couple peut devenir une seule chair.

Chaque fois que la Bible parle de la sexualité en dehors du mariage, c'est pour la condamner. Elle dénonce clairement l'adultère (dans les 10 commandements entre autres), la fornication, la bestialité, l'inceste (dans les Lévitiques), la prostitution, le viol, etc. En fait, les seuls moments où Dieu permet de faire « une seule chair » d'une façon acceptable, c'est sous un engagement à vie. D'ailleurs, les jeunes femmes non mariées dans la Bible sont généralement nommées « vierges ». Cela indique bien dans quel état les époux devraient être au jour de leurs noces! Dieu n'a peut-être pas précisé qu'il faut attendre au mariage, mais Il indique que l'unique place acceptable pour la sexualité est à l'intérieur du mariage. Lorsque Dieu nous dit qu'il n'y a qu'un seul chemin, a-t-Il vraiment besoin d'énumérer tous les autres chemins qui ne le sont pas?

Paul aussi mentionne que les relations sexuelles doivent demeurer dans les liens sacrés du mariage. « Que le mariage soit honoré de tous, et le lit conjugal exempt de souillure, car Dieu jugera les impudiques et les adultères » (Hébreux 13.4). En tant qu'enfants de Dieu, notre conduite devrait être différente de celle du monde. « Que l'impudicité, qu'aucune espèce d'impureté, et que la cupidité, ne soient pas même nommées parmi vous, ainsi qu'il convient à des saints » (Éphésiens 5.3).

Pourquoi restreindre la sexualité au mariage? Certains croient que cette forme d'intimité doit être protégée par un engagement à vie, ou encore, que cet acte sert à la reproduction et les enfants ont besoin de deux parents unis. Encore là, Dieu n'a jamais expliqué la raison pour laquelle Il établissait cette limite. Mais Dieu n'a pas à se justifier. Il ne nous demande pas d'être d'accord avec ses principes, Il nous demande d'y obéir. S'il n'y a qu'un seul chemin, suivons-le. Si vous avez pris un détour, sachez que la grâce de Dieu est grande et une vraie repentance vous donne le droit à une nouvelle vie, à un recommencement.

Notez aussi que ce n'est pas parce que vous avez des désirs charnels périodiquement que vous devez absolument les satisfaire! Nos pensées peuvent être contaminées par des images suggestives ou tout simplement par nos hormones! « Car la chair a des désirs contraires à ceux de l'Esprit, et l'Esprit en a de contraires à ceux de la chair : ils sont opposés entre eux, afin que vous ne fassiez point ce que vous voudriez. Ceux qui sont à Jésus Christ ont crucifié la chair avec ses passions et ses désirs » (Galates 5.17 et 24).

En tant qu'enfants de Dieu, nous devons combattre les désirs de notre chair, et non pas les satisfaire! Même si vous avez le don de célibat, vous pourriez avoir des pulsions sexuelles. Ne vous fiez donc pas à ce que votre corps ressent pour évaluer si vous devez vous marier ou non.

Comment faire alors pour savoir si vous avez le don de célibat? Parlez-en avec Dieu bien sûr! En général, si vous vous sentez bien à vivre seuls la plupart du temps, voilà un bon indicateur que vous avez reçu cette grâce. Vous aurez à l'occasion le sentiment que la maison est bien vide sans partenaire, mais si ces moments sont rares ou si vous pouvez combler facilement ce besoin par une visite spontanée, vous avez peut-être ce don. Si vous avez l'impression qu'un partenaire vous empêcherait d'accomplir l'œuvre que Dieu a mise dans votre cœur, vous avez certainement le don de célibat. Voici quelques indicateurs, mais laissez Dieu répondre à cette question, Il connaît tous les détails de votre vie et de votre appel. Il vous conduira probablement dans sa Parole et vous donnera un verset qui confirmera votre état. Ce sera alors votre assurance dans vos moments de doute et l'argument à utiliser devant tous ceux qui vous interrogeront sur votre choix.

En résumé...

Posez-vous la question : « Est-ce que j'ai

vraiment le désir de me marier? » Pensez-y en excluant toutes les pressions familiales, sociales, charnelles ou même ecclésiastiques. Vous sentez-vous bien célibataire? Vous n'arrivez peut-être pas à trouver un partenaire parce que vous avez le don de célibat! Si c'est le cas, embrassez ce cadeau du ciel et entrez dans votre appel avec passion.

Mais si vous savez clairement que vous n'avez pas ce don, alors passez au chapitre suivant!

CHAPITRE 02
PRÊT À SE MARIER

Certains célibataires le disent haut et fort : ils ne sont pas prêts à être en couple pour l'instant. Très bien pour eux! Mais d'autres essaient de trouver un partenaire sans succès. Pourquoi? Sans le savoir, ils ne sont peut-être pas prêts eux aussi. Évidemment, nous serons encore imparfaits lorsque nous tomberons amoureux. Nous aurons toujours des points à améliorer, et nous ferons cela même après le mariage.

Toutefois, certains aspects de notre vie ou de notre caractère gagneraient à être changés ou bonifiés avant de rencontrer quelqu'un. En fait, lorsque ces points sont déficients dans notre vie, nous risquons d'être moins attirants pour la grande majorité des partenaires potentiels.

Votre âge

Il n'y a pas d'âge pour tomber en amour, c'est bien connu. Mais mon mari et moi avons parfois reçu des demandes de consultation de jeunes filles célibataires, désespérées à trouver un partenaire, alors qu'elles venaient à peine d'entrer dans la vingtaine. L'âge des premiers amours semble être de plus en plus bas, dans notre société. Or, ces relations sont souvent de courtes durées et rarement dans le but de former une famille. Nos mineurs devraient arrêter de croire qu'il est nécessaire pour eux d'être en couple. Si vous êtes présentement aux études ou que vous avez moins de 25 ans, et que vous êtes célibataires, évitez de vous remettre en question! Vous êtes peut-être seulement trop jeunes pour un partenaire sérieux.

Existe-t-il un âge parfait pour se marier? La réponse est évidemment « non ». En fait, rien n'est parfait dans un mariage; mise à part la fondation de notre union, si celle-ci est Christ, bien sûr! Peu importe l'âge auquel nous prenons cette grande décision, nous y trouverons des avantages et des inconvénients. Par exemple, si un couple est au début de sa vingtaine, aux études ou fraîchement diplômé, la décision de se marier peut sembler être plus facile. Il est plus aisé d'abandonner un passé lorsqu'il est encore très court. En général, lorsque nous sommes jeunes, nous vivons dans une forme d'insouciance. Nous sommes continuellement face à de grands changements, et nous n'avons peur de rien puisque nous n'avons rien à perdre (ou presque!). Il faut aussi l'avouer, c'est dans cette période de vie que les grossesses ont le moins de complications. Ce sont donc là de bons avantages pour faire le grand saut à un jeune âge.

Par contre, dans la vingtaine, nous apprenons à peine à nous connaître. De grands changements dans notre caractère surviennent lorsque nous entrons sur le marché du travail, et que nous entamons la vie « d'adulte ». Avec toutes les factures mensuelles qui s'installent et des revenus qui commencent à peine à se stabiliser, cette période financière est un peu plus chaotique. Tous ces bouleversements peuvent vraiment transformer notre caractère. Combien de gens se plaignent que la personne qu'ils ont épousée est totalement différente à cette étape de vie! Et c'est bien normal. Lorsque nous nous marions jeunes, nous devons nous attendre à une évolution importante chez notre partenaire.

Si une personne est célibataire pendant la période de changements dans son caractère ou de ses intérêts, cela n'affecte personne autour d'elle (ou presque). Après quelques années, elle saura davantage ce qu'elle aime et ce qu'elle déteste dans tous les domaines de sa vie. Sa situation financière est généralement plus établie; elle a quelques économies et parfois même, déjà une propriété. Un autre avantage à entrer en relation à un âge plus mûr : le caractère est habituellement plus stable, il y aura donc moins de surprises après quelques années sous le même toit. La gestion du budget étant une matière acquise (du moins, il serait profitable qu'elle le soit!), la planification financière d'une vie à deux est aussi plus simple.

Par contre, puisque chacun des partenaires a déjà des biens, il peut être plus difficile pour quelqu'un de les partager à un conjoint. Donner sa vie à une autre personne, lorsqu'elle est peu chargée, est plus facile que si elle est déjà bien établie. Et cela vaut aussi pour toutes les petites habitudes qu'un célibataire acquiert durant ses années à habiter seul; vous devrez vous adapter ou même complètement abandonner certaines de vos habitudes en présence de l'être aimé.

Bref, chaque étape de la vie pose ses défis et ses joies!

Votre salut

Plusieurs personnes donnent leur vie à Dieu après un échec amoureux et croient que pour panser leurs plaies, elles doivent fréquenter un partenaire chrétien. Ou d'autres célibataires, après quelques semaines à vivre dans la joie du salut, à sentir une paix profonde en Christ, commencent à s'imaginer une vie de couple établie sur cette nouvelle fondation. Bien que leurs intentions soient louables, la plus importante relation amoureuse que nous aurons est avec Jésus. Il est donc fortement suggéré de développer une relation solide avec Jésus, peut-être même pendant 1 an, avant de vous lancer dans la recherche d'un partenaire.

Souvenez-vous que pour qu'un mariage soit solidement bâti, il est nécessaire d'y ajouter Christ. « La corde à trois fils ne se rompt pas facilement » (Ecclésiaste 4.12b). Commencez donc par être passionnément en amour avec Dieu. Apprenez à l'aimer, à être heureux à 100 % grâce à Lui. Seul Dieu peut combler tous nos besoins (Colossiens 2.10), pas un époux. Pour développer notre flamme pour Dieu, il faut s'entourer de chrétiens en feu et bien instruits dans la Bible. Participez donc à votre assemblée locale régulièrement, et idéalement, engagez-vous aussi dans un groupe de prière ou d'études bibliques.

Une fois que votre relation personnelle avec Dieu sera plus solide, commencez à investir dans son Royaume en le servant avec vos talents. Au moins une fois par semaine, nous devrions avoir un moment où nous faisons grandir notre foi (où nous recevons), et un autre où nous servons avec notre temps et nos habiletés (où nous donnons). Vous avez été sauvé non seulement pour votre propre bénéfice, mais aussi pour amener les perdus à Christ. « Ce n'est pas vous qui m'avez choisi; mais moi, je vous ai choisis, et je vous ai établis, afin que vous alliez, et que vous portiez du fruit, et que votre fruit demeure, afin que ce que vous demanderez au Père en mon nom, il vous le donne » (Jean 15.16).

En participant régulièrement à votre assemblée et en servant dans un ministère, vous aurez déjà rencontré plusieurs nouvelles personnes : des mariées et des célibataires. C'est le temps de se faire un nouveau groupe d'amis. Ceux que vous aviez avant de donner votre vie à Dieu ne vont pas vous encourager à chercher un partenaire selon les valeurs chrétiennes. C'est pour cela qu'il est primordial de changer notre entourage. Planifiez donc une sortie par semaine avec un de ces nouveaux amis pour vous amuser. Vous développerez certainement des affinités plus importantes avec certains d'entre eux. Vous pourrez alors prendre un temps spécial avec eux et leur dire ce que vous recherchez dans un partenaire, pour qu'ils vous aident à regarder.

Ainsi, vous aurez probablement rencontré des matchs potentiels à votre église, dans vos groupes de prière ou d'études, pendant votre service ou par vos nouveaux amis. C'est déjà un bassin assez considérable! Si vous n'avez toujours pas trouvé personne (après avoir passé au moins un an ou deux à faire les étapes précédentes), vous pouvez élargir votre champ « d'opportunités » en participant à différentes activités sociales offertes par votre église, par Passion374, ou en vous inscrivant sur des sites de rencontres chrétiens recommandables. (Si ce sujet vous intéresse, procurez-vous notre autre livre intitulé « Quand ça clique : Un guide pratique pour chercher un[e] partenaire chrétien[ne] en ligne.)

Gardons en tête que notre relation avec Dieu est et sera toujours la plus importante. Mariés ou pas, Dieu, Lui, ne changera pas et ne nous abandonnera pas. C'est bien de chercher un partenaire, mais c'est encore mieux de poursuivre Dieu (1 Corinthiens 7.8-9). Si votre salut est tout nouveau, prenez le temps de bien le fortifier : vous n'êtes pas prêts à rencontrer quelqu'un.

Vos finances

Dès que vous prononcerez vos vœux devant Dieu et les hommes, le jour de vos noces, vous serez unis jusqu'à ce que la mort vous sépare. Votre vie ne vous appartiendra plus, elle sera à votre partenaire. Cela inclut votre corps (youppi, diront certains!), votre temps… et vos dettes! Que donnerez-vous comme cadeau de mariage à votre nouvel époux ou nouvelle épouse? Une dette de 20,000 $? Pas très séduisant, comme présent, n'est-ce pas?

Non seulement c'est plutôt désagréable dans une relation amoureuse, mais ce n'est pas non plus ce que Dieu désire pour ses enfants. « Le riche domine sur les pauvres, et celui qui emprunte est l'esclave de celui qui prête » (Proverbes 22.7). Si Dieu a envoyé son Fils mourir sur la croix pour nous délivrer du péché, Il ne veut certainement pas nous voir enchaînés à nouveau par des dettes. L'apôtre Paul encourageait aussi les premiers chrétiens à ne pas devoir d'argent à personne et à payer leurs impôts (Romains 13.8). Avant de vous marier, de grâce, libérez-vous le plus possible de vos dettes!

Pour éviter de contracter de nouvelles dettes, retenez-vous de dépenser au-delà de vos revenus. Renoncez à l'attitude de princesse! Dieu ne veut pas que vous soyez pauvres et misérables, mais Il ne veut pas que vous viviez au-dessus de vos moyens non plus. Dieu désire multiplier vos finances, pour que vous puissiez donner davantage, non pour votre gloire personnelle! « Et Dieu peut vous combler de toutes sortes de grâces, afin que, possédant toujours en toutes choses de quoi satisfaire à tous vos besoins, vous ayez encore en abondance pour toute bonne œuvre » (2 Corinthiens 9.8). Une attitude de princesse est une forme d'orgueil; un péché qui ne devrait pas faire partie de votre vie.

Pour éviter de perdre le contrôle dans vos finances, faites un budget. Rien de compliqué : vos revenus mensuels dans une colonne, toutes vos dépenses du mois dans une deuxième colonne, et une simple soustraction pour voir ce qu'il vous reste! « Celui qui est fidèle dans les moindres choses l'est aussi dans les grandes » (Luc 16.10a). Avant d'être capable de gérer un portefeuille familial, commencez par tenir vos propres dépenses.

Dans votre budget, planifiez aussi des économies. Si vous avez un petit coussin financier, vous pourrez vous permettre un mariage plus éclatant, ou mieux encore, vous pourrez peut-être contribuer à une mise de fonds pour une nouvelle maison! Nous espérons tous vivre longtemps, commencez donc tôt à mettre de l'argent de côté pour profiter de votre retraite future. Quelle bénédiction serez-vous à votre couple si vous savez comment faire de bons investissements!

Mais avant d'économiser, avant même de payer vos comptes, n'oubliez pas d'honorer Dieu avec vos revenus. Donnez votre dîme comme un symbole de votre foi. Vous faites confiance à Dieu pour votre salut, votre vie, vos amours? Vous devriez aussi Lui faire confiance avec votre argent! Si vous êtes de ceux qui disent que la dîme « c'est quelque chose dans l'Ancien Testament, ça ne s'applique pas à nous », eh bien suivez les premiers chrétiens du Nouveau Testament et donnez davantage que dix pour cent de vos revenus! Ces derniers avaient décidé de vendre toutes leurs possessions et en offrir tous les profits à la croissance du Royaume de Dieu. C'est bien plus que la dîme, non? Faites confiance à Dieu pour vos finances; investissez en priorité dans son Royaume tout en soutenant votre église locale.

Enfin, soyez généreux, tout en respectant vos moyens, bien sûr. Une personne généreuse est toujours plus invitante et attirante que quelqu'un d'avare. De plus, n'est-ce pas ce que Dieu nous demande de faire? « Et n'oubliez pas la bienfaisance et la libéralité, car c'est à de tels sacrifices que Dieu prend plaisir » (Hébreux 13.16).

Votre cœur

Lorsque nous vivons une peine d'amour, ou tout autre traumatisme émotionnel, il va sans dire que nous devons prendre le temps de guérir avant de nous engager dans une relation. Comment savoir si vous êtes prêts à entrer dans une nouvelle histoire d'amour? Si vous êtes capable de parler de votre expérience sans douleur, c'est déjà un bon signe. Si vous ne suivez plus toutes les allées et venues de votre ex sur Facebook, c'est un autre bon signe. Si vous n'êtes pas troublés en apprenant que votre ex a un(e) autre partenaire, c'est certainement positif.

Si ce n'est pas votre cas, vous devriez mettre un frein à vos élans amoureux. Votre prochain partenaire mérite toute votre affection et votre attention. Si votre cœur est partagé, vous ne lui offrirez pas le meilleur de vous-mêmes. Prenez donc le temps de guérir en complétant deux étapes importantes.

D'abord, pardonnez à votre « ex ». C'est par le pardon que vous trouverez la guérison.

Le pardon ne signifie pas de tout oublier, contrairement à ce que nous entendons souvent. Le passage sur lequel plusieurs personnes se basent pour expliquer le pardon est Jérémie 31.34, qui est répété dans Hébreux 8.12 et Hébreux 10.17. La partie du verset retenue est : « Je pardonnerai leur faute et je ne me souviendrai plus de leur péché ». Ces personnes soutiennent ensuite que le vrai pardon, c'est oublier l'offense commise.

Or, si nous étudions l'origine du mot « souvenir », nous obtenons une conclusion bien différente. En hébreu, le mot utilisé ici est « zâkar », qui signifie se rappeler, mais aussi, ramener à la mémoire. Parmi les autres définitions, nous avons « le mentionner à nouveau ». Puisque Dieu connaît tout, pouvons-nous vraiment croire qu'Il peut oublier quelque chose? Il serait peut-être plus juste de dire que Dieu pardonne notre faute et Il ne nous en parlera plus. Il ne ramènera plus cette offense dans une future conversation.

C'est sur ce modèle qu'il faut se baser pour pardonner ceux qui nous font du mal. Pardonner, c'est de remettre l'offense reçue entre les mains de Jésus et refuser d'en reparler. En fait, si nous donnons l'affront qui nous a été fait à Jésus, il ne nous appartient plus, nous n'avons plus raison d'en parler. Lorsque nous rapportons à qui veut l'entendre la blessure qui nous a été faite, c'est que nous n'avons pas pardonné. Parfois, nous racontons ce qui nous a été fait pour nous justifier, surtout lorsque l'offense est un mensonge qui a été dit à notre propos. Ou encore, nous exposons le tort subi pour attirer la sympathie des gens, ou tout simplement pour nous venger de l'oppresseur. Or, notre justice est en Christ, nous n'avons pas besoin de la sympathie des gens si Christ est pour nous, et la vengeance appartient à l'Éternel. Nous n'avons donc aucune raison de ne pas pardonner et de ressasser ces fautes. Dieu, Lui, s'abstient de faire cela à notre égard.

D'ailleurs, lorsque nous racontons encore et encore les offenses commises contre nous, nous sommes en train de confirmer notre position de victime. Dieu dit que nous sommes plus que vainqueurs; ne demeurons pas dans l'attitude de victime.

(Notez que certaines blessures sont si profondes que l'aide d'un professionnel est nécessaire pour pardonner complètement. Parler de ce qui vous est arrivé peut être essentiel dans certains cas, mais ce n'est pas en racontant l'offense à tout le monde que vous guérirez. Choisissez un professionnel qui vous aidera convenablement et dans le secret.)

Ne plus en parler ne veut pas dire d'oublier. Cela pourrait même être irresponsable. Prenons l'exemple d'une jeune femme qui se fait violer. Si elle décide d'oublier (si elle y arrive), et qu'elle retourne à l'homme qui l'a agressée, ce n'est pas très responsable. Aussi difficiles qu'elles soient, nous devons apprendre de nos épreuves. Ce que nous retenons de nos mésaventures nous permettra de ne plus les reproduire et nous pourrons enseigner à d'autres les leçons que nous avons reçues.

Sachez que si vous avez eu des relations sexuelles avec votre partenaire précédent, ce sera beaucoup plus difficile de vous détacher de cette relation et d'être guéri. Le sexe crée des liens émotionnels et spirituels puissants dans un couple, c'est d'ailleurs pour cela que Dieu demande de garder cela dans le contexte du mariage. (Nous en reparlerons plus tard dans ce livre.)

Le pardon est la première étape vers la guérison. Laissez Dieu s'occuper de la personne qui vous a blessé. Laissez-Lui le moyen de la réprimander, ou de vous faire justice. Et vous, recevez votre guérison et passez à autre chose. Évidemment, lorsque vous serez restaurés, vous pourrez reparler de ce douloureux épisode de vie, mais ce sera alors sans ressentiment ni jugement.

La deuxième étape importante pour la guérison est celle de vous pardonner vous-même.

Vous pouvez vous sentir trahis, mais vous ressentirez aussi sûrement de la honte d'avoir cru en cette histoire d'amour. Ou encore, vous serez en colère contre vous-même pour vos propres erreurs. Pour être capable d'aimer à nouveau, il faut d'abord pouvoir « s'aimer » à nouveau. Si vous vous rabaissez sans cesse en raison de vos fautes ou en acceptant toutes les méchancetés que l'autre partenaire a dites à votre sujet, vous n'arriverez jamais à rebâtir votre estime.

Vous avez fait des erreurs? Eh bien oui, tout le monde en fait! Jésus est mort à la croix pour pardonner vos péchés : acceptez ce qu'Il a déjà payé! Se repentir signifie se détourner de nos péchés et prendre les moyens nécessaires pour ne plus les faire. Vous avez mal agi, d'accord, mais maintenant vous savez ce qu'il « ne faut pas faire ». Décidez que vous n'emprunterez plus cette avenue. Si Christ vous a pardonné, qui êtes-vous pour continuer à vous garder rancune?

Oui, le Dieu parfait, le Dieu d'amour et de pardon, peut vous donner un cœur nouveau. Vous serez prêts à croire une fois de plus en l'amour. Ce n'est pas une femme merveilleuse ou un homme admirable qui vous fera croire en l'amour à nouveau. Seule la guérison qui coule de la Croix pourra le faire. Ce ne sera pas facile, mais prenez cette direction. Le jardin de fleurs se trouve de l'autre côté de la clôture de votre colère.

En résumé...

Posez-vous la question : « Est-ce que je suis prêt à entrer en relation? » Devriez-vous attendre de vieillir un peu plus, ou au contraire, devriez-vous vous préparer à faire des compromis sur votre indépendance actuelle? Devriez-vous prendre le temps de solidifier votre salut ou vous libérer davantage de vos dettes? Est-ce que votre cœur est guéri et prêt à aimer à nouveau sans crainte? Il y a d'autres domaines où vous avez avantage à vous améliorer avant de trouver votre époux ou épouse, à vous d'y réfléchir. Il est toujours possible de rencontrer quelqu'un même si nous sommes jeunes, nouveaux sauvés, blessés ou endettés, mais notre relation de couple sera plus difficile. Pourquoi se compliquer la vie alors que nous pouvons assurer notre succès avec une meilleure préparation?

Si vous vous sentez suffisamment prêts (nous ne le sommes jamais à 100 %!), alors, ce n'est peut-être pas la raison pour laquelle vous êtes célibataires. Passez au chapitre suivant!

CHAPITRE 03
CES PEURS QUI SABOTENT NOS RELATIONS

Lorsque nous nous inscrivons à l'université, ou à toute autre forme d'études avancées, nous ressentons toujours une petite crainte. Il en est de même lorsque nous songeons à acheter notre première voiture. Nous sommes emballés, mais nous ignorons ce que ces grandes décisions vont changer dans notre vie, et cela peut être inquiétant. Le mariage, et par le fait même tout le processus de chercher un partenaire, peut aussi susciter une certaine dose d'angoisse.

Parfois, ce sentiment est bien caché et nous ne nous en rendons pas compte. Nous avançons donc vers notre but, sans réaliser qu'un boulet est attaché à notre pied. Car la peur est bel et bien un frein. Nous craignons de nous tromper ou de ne pas pouvoir payer le prix de cet engagement, alors nous ne sommes pas libres d'être nous-mêmes. En fait, plusieurs célibataires sabotent leur chance de rencontrer quelqu'un tout simplement parce qu'au fond d'eux-mêmes, leurs inquiétudes parlent plus fort que leurs rêves de mariage.

Le plus triste est que ces craintes sont souvent rationalisées et bien dissimulées derrière notre foi! Il est donc important de les identifier et de les apprivoiser pour ouvrir notre champ d'opportunité. (En passant, ce sont habituellement les mêmes raisons qui nous empêchent d'avancer dans l'appel que Dieu met sur notre vie, mais ça, c'est le sujet d'un autre livre!) Alors, allons-y, voyons quelles sont ces peurs que nous devons dompter.

La peur de se tromper

Le scénario est classique. Amanda (nom fictif) est une jeune femme très impliquée à son église et appréciée de tous. Elle a réussi à garder une bonne réputation, contrairement aux dizaines d'autres chrétiennes qui ont donné leur cœur à un mauvais prétendant. Elle désire se marier, elle rêve de belles noces en blanc, mais elle a tellement peur de se tromper dans son choix qu'elle cherche des signes surnaturels avant de s'engager. Elle est même celle qui encourage ses sœurs à « attendre le bon », et attendre, c'est tout ce qu'elle fait. Si un homme s'approche d'elle, elle s'empresse de trouver ses défauts et finit toujours par disqualifier tous les prétendants. Dès qu'elle sent son cœur battre plus vite, elle doute d'elle-même et elle se replie dans sa spiritualité. En paroles, elle a l'air ointe et sage, mais derrière ce voile, elle a en fait besoin d'être délivrée de cette crainte.

Pour être libéré de cette peur, nous devons comprendre qu'aucun partenaire n'est parfait (à part Christ) et qu'il est impossible de contrôler la vie des autres. Même si nous nous engageons avec un bon chrétien aujourd'hui, il est possible que ce dernier se détourne de Dieu pendant un temps après notre mariage. C'est pour cela que nous devons éviter d'épouser ou même chercher un conjoint selon son statut dans l'église ou son titre. Nous devons regarder au cœur, être prêts à servir l'autre, peu importe les saisons de sa vie.

Évidemment, nous devons nous donner à une personne qui affiche son appartenance à Christ, nous devons discerner un amour authentique pour Dieu avant de nous engager à vie. Il est toujours sage de demander conseil à des autorités spirituelles sur la question. Malgré cela, nous ne pourrons jamais être certains à 100 % de notre choix. Le mariage est un acte de foi. Le partenaire parfait n'existe pas. Ce n'est pas parce qu'il fera des erreurs que vous aurez fait une bévue en l'épousant! Vous devrez travailler ensemble, à vous supporter mutuellement dans vos faiblesses.

Sachant cela, il faut renoncer à la crainte de marier la mauvaise personne. Oui, nous prenons quelques précautions, mais tomber en amour c'est nous lancer dans l'inconnu.

La peur du rejet

Un enfant se présente devant un grand public pour son récital de piano. Nerveux, il fait plusieurs erreurs, sort même de la scène sans terminer sa pièce tant il a honte. L'année suivante, cet élève refuse de reprendre ses leçons. Il dira peut-être qu'il n'aime plus cet instrument alors qu'au fond, il a tout simplement peur de vivre une autre expérience humiliante à la fin de l'année. Plus tard, il se convaincra que le piano n'était pas fait pour lui, qu'il était plutôt du style guitare et qu'il préfère jouer pour lui seul, pour son propre plaisir.

Nous avons tous passé par des situations embarrassantes et nous faisons tout pour les éviter, évidemment. Lorsque nous offrons notre cœur à une personne, nous prenons le risque d'être rejetés, voire même humiliés. Pour certains célibataires, souvent déjà blessés dans des relations précédentes, la crainte de subir le même sort est trop importante pour accepter de se lancer à nouveau dans l'aventure.

Pour éviter que le triste scénario se répète, certains célibataires peuvent démontrer une grande hardiesse pour la Parole. Ils peuvent s'attacher à Dieu de toutes leurs forces parce qu'ils savent que Dieu ne les abandonnera jamais. Ils peuvent parfois être presque « trop spirituels », et être ainsi inaccessibles aux « chrétiens ordinaires ». En s'accrochant de toutes leurs forces à celui qui ne va pas les rejeter, ils s'éloignent le plus possible de ceux qui pourraient le faire : leurs frères et sœurs. Or, même si Dieu aime et chérit tous les moments où nous nous agrippons à son cou, Il ne veut pas que nous nous séparions de nos semblables, ce qui inclut notre futur époux ici-bas, sur Terre.

Nous pouvons discerner cette crainte également dans leur façon de parler de leur futur partenaire de vie. Les chrétiens qui ont peur d'être rejetés s'intéressent davantage au mariage qu'aux fréquentations. Ils espèrent presque rencontrer la personne parfaite devant l'autel, évitant ainsi la période de fréquentations, car avant d'avoir la bague au doigt, nos attentes grandissent au même rythme que notre risque d'être abandonnés.

Pour être délivrés de cette crainte, nous devons d'abord être guéris de nos blessures relationnelles. Dieu est un expert pour réparer notre passé. Son outil préféré : le pardon. C'est seulement lorsque nous pardonnons sincèrement que nous sommes capables de faire confiance à nouveau. Non seulement nous devons étendre cette grâce aux autres, mais également à nous-mêmes. En faisant cela, nous apprenons à dédramatiser les situations. Si l'élève qui fait de fausses notes pendant son récital de piano est clément avec lui-même, qu'il réussit à se pardonner, il ne sera pas traumatisé de l'expérience. Il en va de même dans les relations qui ne fonctionnent pas. Si nous acceptons d'être imparfaits, ou même de rire de nous-mêmes à certains moments, nous ne serons pas aussi humiliés de nos erreurs.

Dieu nous aime, mais comme un bon parent, Il refuse que nous nous isolions dans sa présence. Il veut notre guérison, notre santé émotionnelle, et Il sera avec nous dans tous les petits pas que nous ferons pour ouvrir notre cœur à une future partenaire.

La peur de l'intimité

Nicole (nom fictif) était une belle jeune femme, passionnée pour le Seigneur. Elle était aussi une excellente cuisinière et avait une profession ambitieuse. Une bonne « femme à marier », diraient nos grands-mères! Pourtant, elle était encore célibataire. Plusieurs hommes avaient manifesté leur intérêt, mais ils avaient été rapidement refroidis par sa « sainteté ».

Pour elle, fréquenter un homme dans la sainteté se résumait à ne jamais être seule avec lui, ne même pas lui tenir la main. Le premier baiser n'était réservé qu'au mariage et elle le répétait à tous ceux qui voulaient l'entendre. Il n'y a rien de mal à établir cette limite. Plusieurs chrétiens le font en toute bonne foi et si c'est le cadre qui les rend à l'aise, c'est ce qu'ils doivent adopter. Mais dans le cas de Nicole, ces limites qu'elle s'imposait, même si elles semblaient bien spirituelles et légitimes, lui permettaient d'éviter tout rapprochement parce qu'elle craignait toute intimité. Abusée par son père durant son adolescence, elle était horrifiée à l'idée d'être touchée par un homme. Elle repoussait donc toutes les avances en prétextant la sainteté.

D'autres femmes que nous avons rencontrées, mon mari et moi, ont également invoqué la « sainteté » pour décourager des prétendants parce qu'elles doutaient d'elles-mêmes. Elles craignaient tellement de tomber (à nouveau!) dans l'immoralité, qu'elles utilisaient les principes de pureté pour se bâtir une tour d'ivoire. Enfin, il y a aussi ceux qui ont vécu l'homosexualité, et qui, bien qu'ils en soient délivrés, se sentent complètement démunis devant le sexe opposé lorsqu'il est question d'intimité. L'interdiction de tout contact physique avant les noces les réjouit, et ils repoussent toute idée de mariage à une date lointaine pour éviter d'affronter leur peur.

La crainte de l'intimité est une des grandes chaînes qui lient les célibataires. Il est bon de se donner des limites pour rester dans la sainteté que Dieu demande. Or, dans notre temps personnel avec Dieu, nous devons aussi pouvoir lui parler à cœur ouvert de toutes nos inquiétudes. Ce n'est pas en nous lançant dans des relations libertines que nous aurons la victoire sur cette crainte. Nous devons confronter cette peur individuellement avec Christ (et avec l'aide d'un professionnel si nécessaire). Cela commencera probablement en cherchant la guérison totale de nos blessures émotionnelles; puis en développant notre confiance en Dieu, en étant capable de s'abandonner entre ses mains. Vous pourrez ensuite vous imposer vos limites, mais ces dernières ne seront pas motivées par la crainte.

Il est très important d'être délivré de cette crainte avant les noces, parce que le mariage ne nous en libérera pas. Même si l'intimité sera « moralement » permise, elle sera très difficile et probablement une source de conflit dans votre couple. Alors pendant que vous êtes célibataires, sondez votre cœur et soyez transparents avec Dieu. Il désire que ses enfants soient prudents et sains, mais épanouis.

La peur de l'engagement

Nous avons tous déjà entendu ces histoires d'hommes mariés qui accumulent les heures supplémentaires au travail parce qu'ils vivent des moments difficiles à la maison. Ils évitent d'affronter leurs problèmes familiaux en se cachant dans des projets professionnels. Le même phénomène se produit aussi parfois chez les célibataires chrétiens. Pour certains, l'idée de s'engager à vie avec une partenaire est si effrayante qu'ils se donneront cœur et âme à différents ministères à l'église. Tout comme l'homme marié doit refuser cette fuite facile et régler plutôt ses conflits, il en va de même pour le célibataire qui a peur de l'engagement. Toutefois, il est difficile de critiquer un célibataire trop dévoué; ils font un bon travail et sont très recherchés.

Encore une fois, il n'y a aucun mal à servir Dieu sans réserve et ne pas avoir le temps de fréquenter une personne du sexe opposé. Même l'apôtre Paul préférait que les gens non mariés restent dans leur état pour se donner complètement à Dieu (1 Corinthiens 7.35). Le problème est que certains célibataires utilisent leur dévotion ministérielle pour cacher leur peur de l'engagement.

Cette crainte n'est pas nécessairement égoïste. C'est parfois l'idée d'être « enchaîné » à quelqu'un pour le reste de leurs jours qui effraie certains célibataires. Pour d'autres, c'est la peur de ne pas pouvoir tenir leur engagement toute la vie. Après avoir vécu le divorce de nos parents, ou après avoir échoué dans certains projets scolaires, personnels ou professionnels, nous pouvons être inquiets devant une aussi grosse obligation.

Cette peur est une suite logique de nos échecs, mais elle n'a pas à demeurer dans notre vie. De plus, ce n'est pas en accomplissant des centaines de bonnes œuvres pour Christ que nous en serons libérés. La délivrance est le don que Christ a payé à la croix avec son sang. Il faut s'arrêter, prendre un temps sincère avec

Dieu, admettre nos craintes et laisser Dieu nous en défaire par le pardon et en développant notre confiance en lui. Bref, il n'y a rien de mal à être très occupé à l'église, mais si cela vous empêche d'investir dans une relation à long terme, vérifiez la vraie raison de votre dévotion ministérielle. Dieu prend plaisir à notre service pour lui, mais Il désire aussi que nous soyons libres de toutes craintes.

Il est facile d'utiliser toutes sortes de raisons « spirituelles » pour expliquer notre célibat, mais sont-elles légitimes, ou cachent-elles une crainte? Soyons honnêtes, et vivons dans la liberté.

Des craintes qui grandissent avec l'âge

Tomber en amour, accepter de bâtir une nouvelle vie avec l'être cher est excitant. Mais c'est aussi un grand risque à prendre. « Est-il vraiment ce qu'il dit être? Suis-je prêt à lui donner les clés de mon condo? » Toutes sortes de questions qui peuvent freiner une relation. Cette peur du risque est naturelle, prouvée scientifiquement, mais elle peut être renversée spirituellement.

Dans le ventre de notre mère, la plupart de nos organes sont formés et sont parfaitement fonctionnels à la naissance. Seul le cerveau est encore en développement, et il le sera jusqu'à l'âge de 25-30 ans. Les derniers liens à être établis sont ceux du cortex préfrontal, là où l'on retrouve le contrôle de nos pulsions, la capacité de nous projeter dans l'avenir, et la peur de prendre des risques.

Plus nous avançons en âge, plus il est périlleux de prendre des risques. C'est une question de biologie comme nous venons de le voir, mais c'est aussi bien logique. En vieillissant, nous accumulons de plus en plus de biens précieux (immobilier, voiture, investissements) qui peuvent paraître difficiles à partager avec la personne aimée, ou même à abandonner pour former une nouvelle vie à deux. Parce qu'il ne faut pas l'oublier : nous n'ajoutons pas un partenaire à notre vie existante, si nous nous marions, nous en bâtissons une autre avec notre époux ou épouse.

Heureusement, avec Dieu, nous pouvons renverser le naturel. « Mais ceux qui se confient en l'Éternel renouvellent leur force. Ils prennent le vol comme les aigles; ils courent, et ne se lassent point, ils marchent, et ne se fatiguent point » (Ésaïe 40.31). Le secret pour vaincre rester jeune et sans crainte : se confier en l'Éternel. Évidemment, cela ne sera possible que si nous apprenons à le connaître, en passant du temps avec lui.

Attention : ce n'est pas parce que Dieu désire que nous prenions notre envol comme un aigle que nous devons nous jeter avec insouciance dans toutes sortes d'aventures folles! Deutéronome 10.11-12 nous donne un guide à suivre pour être sage dans nos décisions. Il faut toujours garder un grand respect pour Sa Majesté, écouter ce que Sa Parole nous dit, l'aimer et le servir de tout notre cœur. Dieu veut que nous soyons sages, mais pas que nous ayons peur de prendre des risques, peu importe notre âge ou nos possessions.

Un petit pas à la fois

La peur du rejet ou d'avoir l'air ridicule nous empêche souvent d'aller de l'avant. Cela, autant en amour qu'en affaires ou spirituellement. Pourtant, la plupart du temps, tout ce qu'il faut est d'ouvrir une petite fenêtre de possibilités.

Lorsque nous désirons un emploi dans une entreprise particulière, nous devons au moins envoyer notre curriculum vitae. Même si nous prions des heures, que nous déclarons toutes les promesses citées dans la Bible et que nous jeûnons pendant 40 jours, si nous ne manifestons pas notre intérêt à cette entreprise, si nous ne leur remettons pas de c.v. ou ne discutons pas à un des responsables, nous n'aurons pas cet emploi. Nous ne pouvons pas forcer un patron à nous engager, mais nous pouvons au moins lui donner la possibilité de nous rencontrer, de nous parler.

C'est aussi le cas de bien d'autres domaines dans notre vie. Dans notre relation avec Dieu par exemple. Si nous demandons à Dieu ses instructions par rapport à une question particulière, il est bon de lui donner la possibilité de nous répondre! Si nous ne lisons pas notre Bible, que nous n'allons pas à notre assemblée et que nous occupons nos pensées à toutes sortes de distractions, comment pourrons-nous entendre sa solution? « Écoute les conseils, et reçois l'instruction, afin que tu sois sage dans la suite de ta vie » (Proverbes 19.20).

Cette vérité s'applique aussi au désir de rencontrer un partenaire de vie. La plupart des femmes célibataires rêvent qu'un homme s'approche d'elles (préférablement beau et riche!) et qu'il les enchante par ses paroles et ses yeux doux. Plusieurs ajoutent même que l'homme doit poursuivre la femme, qu'il doit la « conquérir », et donc qu'elle doit faire sa « difficile à atteindre » pour qu'il démontre son courage.

En réalité, le pourcentage d'hommes assez hardis pour aller parler à une femme qui a attiré leur attention est très faible. La plupart d'entre eux attendent une ouverture pour faire leur approche. Le jeune homme se tiendra dans le hall d'entrée de l'église et espérera que la jolie jeune fille vienne lui dire « bonjour ». D'autres souhaitent au moins un regard. Ils ne veulent pas se faire rejeter en abordant une fille, ou avoir l'air ridicule. Alors, ils attendent une ouverture. Femmes, donnez-leur donc un petit coup de main!

Nous ne parlons pas ici de faire les premiers pas, même s'il n'y a rien de mal à cela. Ruth a bien fait les premiers pas vers Boaz! Si une femme a le courage de faire les premiers pas vers un homme, rien dans la Bible ne l'empêche de le faire. (Nous en parlerons dans un autre chapitre.)

Ouvrir quelques fenêtres de possibilités signifie tout simplement de sourire à tout le monde (même les célibataires)! C'est de dire bonjour à ceux qui croisent notre chemin; d'être serviable, courtois, aimable. Bref, de ne pas se mettre sur un piédestal; ne pas attendre que les hommes soient à nos pieds ou que les femmes se languissent après nous. C'est de refuser l'attitude hautaine et devenir accessible. C'est d'ailleurs ce que nous devons faire dans toutes nos relations, que ce soit avec nos frères et sœurs dans l'église, ou envers les non sauvés. Christ était le même avec tout le monde. Il a même discuté avec une Samaritaine, ce qui était très mal vu à l'époque.

Nous ne parlons pas ici de flirter avec tout le monde, mais seulement d'être accessible. Vous pouvez aussi donner la chance aux célibataires de vous aborder en organisant différentes activités sociales ou en vous portant bénévole dans un événement chrétien quelconque. Une autre façon d'ouvrir des fenêtres d'opportunités est de se montrer à notre avantage. Si vous prenez soin de vous, que vous prenez une douche et que vous brossez vos dents, il est probable que des gens agréables viendront échanger avec vous! Si vous avez l'air snob, hautain, vous fermez les portes à de bonnes rencontres. C'est vrai pour de futures relations amoureuses, mais aussi pour des amitiés. Alors, allez-y, ouvrez quelques fenêtres de possibilités; que ce soit professionnellement, spirituellement ou socialement.

La sagesse au secours de nos craintes

Comme nous le disions au début du chapitre, toutes les grandes décisions de notre vie peuvent nous causer une bonne dose de nervosité. C'est d'ailleurs une émotion qui est même bénéfique jusqu'à un certain point parce qu'il nous force à être prudents. Armés de la sagesse si bien décrite dans les Proverbes, nous nous sentons davantage en confiance pour avancer dans des terrains inconnus, comme le temps de recherche d'un partenaire. Il est surtout important de bien protéger notre cœur lorsque les sentiments amoureux que nous avons envers une personne ne sont pas encore officiellement réciproques.

Tous les célibataires chrétiens ont entendu ce verset : « Garde ton cœur plus que toute autre chose, car de lui viennent les sources de la vie. » (Proverbes 4.23) Ce dernier est utilisé pour enseigner aux enfants de Dieu de ne pas s'emballer en amour trop rapidement. Si nous considérons le contexte, nous comprenons qu'il est plutôt question de protéger notre cœur contre les mauvaises influences, pour rester juste et droit devant Dieu dans nos actions.

Mais évidemment, ce conseil peut aussi s'appliquer à nos élans amoureux. En fait, c'est ce qui est répété à plusieurs reprises dans Cantique des cantiques. « Je vous en conjure, filles de Jérusalem, ne réveillez pas, ne réveillez pas l'amour, avant qu'elle le veuille » (Cantique des cantiques 8.4). Dans ce livre, un homme et une femme sont éperdument amoureux, mais ils sont souvent séparés par plusieurs obstacles. Ces épreuves sont très difficiles pour leurs sentiments, parce que le couple ne désire qu'être réuni. Ces obstacles ne seraient pas si douloureux si les partenaires n'étaient pas aussi amoureux. C'est pourquoi la jeune femme encourage ses amies à ne pas « réveiller l'amour », à ne pas laisser leur cœur s'emballer, avant que les circonstances soient favorables.

C'est un conseil qui s'applique encore aujourd'hui, par exemple, lorsqu'une fille rencontre un jeune homme qui présente plusieurs des critères sur sa liste! Elle rêvait d'un homme amoureux de Christ, galant et stable financièrement; et c'est exactement ce qu'il est. Ils se sont à peine échangé quelques brins de jasette, mais déjà elle commence à s'imaginer ce que serait la vie à ses côtés. Dans ses céréales « Alpha-bits » du matin, les lettres forment son nom : c'est un signe! À laisser ses pensées et son cœur s'emballer ainsi, en « réveillant l'amour avant qu'elle le veuille », elle s'expose à de grandes blessures.

Voilà pourquoi il est important de retenir nos élans lorsque nous rencontrons une personne intéressante. Nous évitons les déceptions et une douloureuse perte de temps, dans le cas où les sentiments ne seraient pas réciproques. Voici quelques moyens que nous pouvons utiliser pour protéger notre cœur :

1. Parlons-en avec Dieu
Lorsque nos pensées s'emballent dans notre tête, c'est souvent parce qu'elles se nourrissent d'elles-mêmes. Plus nous y songeons, plus elles s'amplifient; elles s'en vont dans une direction exagérée. Il faut donc leur mettre un frein et la meilleure façon de faire cela est de les exposer à Dieu. Au lieu de vous parler à vous-mêmes, tournez-vous à Dieu. « J'ai rencontré ce jeune homme aujourd'hui, qu'en penses-tu? » Notre Père céleste, qui connaît toutes choses, peut nous donner des idées d'approche, et Il nous rappellera de garder notre cœur.

Si vos pensées sont déjà intoxiquées par l'amour, si vous n'arrivez plus à attendre la voix de Dieu, trouvez-vous un bon mentor spirituel (un pasteur ou un chrétien mature) et demandez-lui de prier pour vous. Proposez-lui de vous suivre dans votre marche; choisissez de lui être redevable pour vous assurer que vous maintiendrez le cap. Bref, ne vous isolez pas. Faites tout ce que vous pouvez pour garder Dieu assis sur le trône de votre cœur.

2. Faites des pas

Ne restez pas dans l'imagination, faites des pas vers cette personne même si cela est très effrayant! Invitez-la à des activités que vous faites avec vos amis, ou allez prendre un café avec elle pour apprendre à la connaître davantage. Ce que nous imaginons est souvent loin de la réalité; la meilleure façon de nous remettre les pieds sur terre est de passer du temps en personne avec l'être spécial.

Vous pouvez aussi légèrement impliquer un ami commun. Cette personne pourra vous aider à garder la tête froide, à voir des défauts que vous n'aviez pas considérés ou vous proposer des idées d'activités.

3. Restez ouverts

Ce n'est pas parce que quelqu'un a attiré notre regard qu'il est forcément compatible avec nous. Il est donc sage de demeurer ouvert à d'autres rencontres. L'âme sœur n'existe pas; Dieu vous donne amplement le choix dans ses enfants! Ne vous fermez pas aux autres après qu'une personne semble sortir du lot (à moins que vous soyez tous les deux amoureux, évidemment!).

Restez aussi positif tout au long de votre attente. Rappelez-vous souvent que même si cette histoire ne se développe pas, elle vous aura appris toutes sortes de leçons. Vous connaîtrez peut-être davantage vos propres goûts, vous saurez maintenant comment approcher les gens, vous vous serez permis de rêver; toutes des leçons constructives qui vous feront grandir.

Le Protecteur de notre cœur

Aimer, c'est prendre le risque d'être blessé. Sans une certaine vulnérabilité, il est impossible d'être authentique dans nos relations. Or, Dieu n'est pas un père insensible, Il sait comment vous vous sentez. Son désir le plus ardent est bien sûr que ses enfants soient en bonne santé, soient heureux et soient prospères. Dans Deutéronome 28, Dieu énumère tous les domaines où nous pouvons être bénis. Au verset 10, la bénédiction est synonyme de faveur, au verset 8 de prospérité et au verset 7 de protection. Mais toutes ces belles promesses sont une conséquence d'une action de notre part : si nous obéissons à la voix de l'Éternel. Notre corps ainsi que notre cœur seront protégés si nous suivons ses voies.

Dieu a aussi dit qu'Il ne nous abandonnera jamais. Il va donc être présent à nos côtés, peu importe ce que nous faisons. Par contre, si nous ne lui donnons pas la souveraineté de notre cœur, Il ne pourra pas y régner ni le protéger. Par sa parole, Il nous guide dans les chemins sûrs et lorsque nous restons dans son plan, nous sommes protégés. Nous y serons peut-être blessés, mais nous ne serons jamais écrasés (2 Corinthiens 4.8-10).

Voici une image pour mieux expliquer le propos. Un jeune homme est arrivé au bord d'une lagune paisible, retirée de toutes civilisations. L'eau était très belle, la plage d'un sable fin. Il voulut s'y baigner. Il vit une très vieille affiche, brisée par le temps, sur laquelle était écrite « Danger – Requins ». L'eau était pourtant très calme, aucune nageoire dorsale à l'horizon. « L'affiche est très vieille, ça ne doit plus s'appliquer maintenant. Non, je ne crois pas qu'il y a du danger! » Et le jeune homme s'est lancé à l'eau. Vous aurez deviné : il s'est rapidement fait dévorer par un banc de requins. Bien que la Bible soit très vieille, et même si vous ne croyez pas ce que vous lisez, elle demeure la vérité. Dieu est avec vous, mais si vous ignorez ses avertissements, ce ne sera pas de sa faute si vous souffrez.

Plongeons dans sa Parole alors. Que dit-elle au sujet de la protection?

- Deutéronome 23.14 : « Car l'Éternel, ton Dieu, marche au milieu de ton camp pour te protéger et pour livrer tes ennemis devant toi; ton camp devra donc être saint, afin que l'Éternel ne voie chez toi rien d'impur, et qu'il ne se détourne point de toi. »

- Psaumes 5.12 : « Alors tous ceux qui se confient en toi se réjouiront, ils auront de l'allégresse à toujours, et tu les protégeras; tu seras un sujet de joie pour ceux qui aiment ton nom. »
- Proverbes 4.5-6 : « Acquiers la sagesse, acquiers l'intelligence; n'oublie pas les paroles de ma bouche, et ne t'en détourne pas. Ne l'abandonne pas, et elle te gardera; aime-la, et elle te protégera. »
- Hébreux 13.6 : « C'est donc avec assurance que nous pouvons dire : Le Seigneur est mon aide, je ne craindrai rien; que peut me faire un homme? »

Ces versets montrent bien que sa protection (physique et émotionnelle) est avec nous s'Il est notre Seigneur, c'est-à-dire si nous lui donnons le droit de régner sur nous, si nous suivons ses préceptes et si nous marchons dans la sainteté.

Si votre cœur est à Dieu, Il ne laissera personne le briser. Si vous adoptez ses recommandations concernant les fréquentations, vous ne vivrez pas de grandes peines d'amour. Si c'est votre Père céleste qui conduit votre histoire d'amour, vous savez qu'elle avancera dans la bonne direction. En Dieu sont la bénédiction et la protection de votre cœur. Vous aurez probablement des petites déceptions, des frictions ou des mésententes; en couple, nous avons affaire à un autre humain imparfait après tout. Mais tant que vous suivrez la direction de Dieu dans votre histoire d'amour, Il sera là comme un bouclier autour de votre cœur. « L'Éternel est ma force et mon bouclier; en lui mon cœur se confie, et je suis secouru. J'ai de l'allégresse dans le cœur, et je le loue par mes chants » (Psaumes 28.7).

En résumé...

Posez-vous la question : « Au fond de moi, est-ce que j'ai peur de choisir la mauvaise personne ou d'être blessé? D'être intime ou de m'engager? Est-ce que j'ai peur de laisser entrer quelqu'un dans ma vie après toutes ces années à avoir bâti ma propre vie? » Ces craintes peuvent expliquer pourquoi vous n'arrivez pas à trouver quelqu'un à qui vous pouvez vous abandonner. Tous les grands changements de la vie apportent bien sûr une petite dose de nervosité, mais Dieu veut vous accompagner et vous donner le courage dont vous avez besoin pour avancer vers l'accomplissement de vos rêves. Armez-vous de la sagesse divine et domptez ces peurs.

Si vous n'avez pas vraiment de crainte à l'idée de bâtir une nouvelle vie avec un partenaire, passez au prochain chapitre. Ce n'est donc pas la peur qui vous empêche d'être en couple.

CHAPITRE 04
LE MYTHE DE L'ATTENTE

Lors d'une fête de Noël, je discutais avec la mère de deux superbes jeunes femmes célibataires. L'une d'elles venait de célébrer son 30e anniversaire et sa mère commençait à avoir hâte de la voir se marier. « Je comprends! Qu'est-ce qu'elles font pour rencontrer des partenaires potentiels? », lui ai-je demandé, avec intérêt bien sûr. La réaction de la mère a été vive et presque colérique. « Qu'est-ce que tu veux qu'elles fassent? Elles ne vont quand même pas aller sur des sites de rencontres! Ce sont de bonnes filles. Elles attendent patiemment que Dieu les conduise vers l'homme qu'Il a pour elles. » Et elle a changé rapidement de sujet.

Nous avons souvent ce type de réactions véhémentes lorsque nous demandons à des chrétiens (surtout des femmes, avouons-le!) quelles sont leurs démarches pour rencontrer quelqu'un. Pourtant, il n'y a rien de vulgaire ou d'immoral à faire quelques pas dans cette direction. Plusieurs chrétiens pieux conseillent aux célibataires d'attendre que Dieu intervienne. Ils s'en remettent seulement à Dieu en s'appuyant entre autres sur le Psaumes 130.5 : « J'espère en l'Éternel, mon âme espère, et j'attends sa promesse ». Toutefois, le verset dans ce contexte parle plutôt de rédemption, et non de mariage futur! D'autres personnes citent des passages dans le Cantique des Cantiques ou dans Habacuc, ou ailleurs, pour encourager les chrétiens célibataires à faire confiance à Dieu.

D'un côté, ils ont raison. Il est important de se soumettre à Dieu. Lorsque nous prions pour notre futur mariage, il faut être capable de laisser au Seigneur la souveraineté de diriger nos pas vers une personne selon son cœur. En faisant confiance à notre Père céleste pour notre statut social, nous prenons aussi davantage le temps d'écouter son opinion. Si nous cherchons uniquement de nos propres forces, nous risquons d'oublier d'évaluer notre nouvelle conquête d'après les valeurs divines. Mais si nous nous attendons à Dieu dans ce domaine, nous le consulterons certainement dès que des petits cœurs vont commencer à tourner autour de notre tête.

De l'autre côté, il serait irréaliste d'attendre que l'être à marier vienne frapper à notre porte, avec un contrat nuptial en main! En fait, le verset Matthieu 7.7 dit : « Demandez, et l'on vous donnera; cherchez, et vous trouverez; frappez, et l'on vous ouvrira ». Les trois verbes à l'impératif ici sont des verbes d'action. Plusieurs autres promesses de Dieu sont gratuites, mais nous demandent néanmoins un peu d'initiative de notre part. Le salut, par exemple : même s'il s'obtient par grâce, nous avons tout de même dû ouvrir la porte de notre cœur, reconnaître nos péchés et faire la prière de la repentance. Ruth a fait quelques efforts pour se faire remarquer par Boaz (voir chapitre 3 du livre de Ruth).

Lorsqu'il est question de trouver la personne spéciale, nous pouvons faire plusieurs petites actions. Nous pouvons travailler à nos imperfections, participer à des activités de célibataires, partager à nos amis ce que nous recherchons dans un futur partenaire, etc. Il faut éviter de se cacher, ou d'être embarrassé par notre statut social. Par contre, évitons aussi d'être continuellement en quête de l'âme sœur. Si notre « chasse » prend plus de temps que ce que nous investissons dans notre relation avec Dieu, il y a un problème. Dès que notre quête accapare toutes nos pensées, nous devons nous arrêter. Il s'agit seulement de faire quelques pas, et non pas de mettre toute notre confiance dans nos efforts.

Bref, « attendre » ne signifie pas de rester en prière dans notre sous-sol. L'être aimé n'apparaîtra pas devant nous dans un nuage, accompagné de violons. Dieu ne désire pas nous voir seulement intercéder pour les âmes perdues; nous devons aussi aller leur témoigner. Il en est de même pour notre futur mariage. La prière est nécessaire, s'attendre à Dieu est essentiel, mais Dieu nous encourage aussi à faire quelques pas.

Est-ce qu'une femme peut faire les premiers pas?

Dieu n'a pas donné un plan précis de ce que nous devons faire pour trouver un partenaire de vie. Quelques passages parlent de l'importance de l'abstinence avant le mariage et à d'autres endroits, nous comprenons que Dieu veut que les deux conjoints partagent la même foi. La Bible n'interdit pas à la femme de faire les premiers vers un homme, lorsque celle-ci ressent une certaine attirance. Cela vous étonne? Pourquoi semble-t-il malséant pour une femme chrétienne de faire les premiers pas?

D'abord, beaucoup de chrétiens utilisent le passage dans Éphésiens 5 pour expliquer qui doit faire les premiers pas. Dans ce chapitre bien connu, nous lisons que la femme doit se soumettre à son mari, « car le mari est le chef de la femme, comme Christ est le chef de l'Église, qui est son corps, et dont il est le Sauveur » (Éphésiens 5.23). Beaucoup de personnes interprètent ce message comme étant la preuve que l'homme est supérieur à la femme, que c'est à lui de prendre les décisions, et donc, que c'est à lui de faire les premiers pas. Une logique poussée bien trop loin!

Oui, dans un couple marié, chacun a ses tâches. Si la femme doit se soumettre, cela ne signifie pas qu'elle doit se taire! Dieu n'a pas dit à l'homme de dominer sur sa femme. Genèse 1.28 dit : « Dieu les bénit, et Dieu leur dit : Soyez féconds, multipliez, remplissez la terre, et l'assujettissez; et dominez sur les poissons de la mer, sur les oiseaux du ciel, et sur tout animal qui se meut sur la terre ». Dieu parle ici aux deux partenaires. Ils domineront sur leur environnement ensemble, non pas l'un sur l'autre! Les femmes sont peut-être plus délicates, plus sensibles, que les hommes (1 Pierre 3.7), mais elles ne sont pas inférieures pour autant.

Délicate ne signifie pas non plus qu'elle est une petite princesse enfermée dans une tour et qu'elle doit être sauvée par un prince charmant sur un cheval blanc. Plusieurs histoires dans la Bible dépeignent des femmes avec un caractère fort. Deborah, par exemple, a conduit Israël à une grande victoire. Oui, certaines femmes sont des petites fleurs fragiles, mais d'autres sont solides comme le roc et elles peuvent très bien prendre leur place. Si une femme a le courage de faire les premiers pas vers un homme, rien dans la Bible ne l'empêche de le faire.

Un deuxième argument souvent utilisé pour décourager les femmes à s'affirmer, c'est de dire que seules les femmes de mauvaise vie prennent les devants. Plusieurs versets dans les Proverbes mettent effectivement en garde les hommes contre les femmes aguichantes, qui parlent fort pour attirer les hommes dans leur piège (Proverbes 7). Or, l'auteur des Proverbes demande ici à ses enfants de se tenir loin des femmes adultères ou prostituées, non de toutes les femmes!

Une femme célibataire doit s'abstenir de faire les premiers pas vers… un homme marié, bien sûr! Elle doit éviter d'attirer l'attention en découvrant sa poitrine, en portant des habits très moulants ou en lui faisant des propositions racoleuses. C'est bien évident! Mais si une femme garde toute sa modestie et ose s'approcher d'un célibataire pour l'inviter à prendre un café, par exemple, il n'y a rien de mal à cela!

Ruth a bien fait les premiers pas vers Boaz, selon les conseils de sa belle-mère! (Voir chapitre 3 du livre de Ruth.) Elle n'était pas une femme de mauvaise vie; au contraire, sa réputation était excellente.

Un autre argument utilisé pour décourager les femmes à faire les premiers pas se base sur plusieurs versets comme le Psaumes 130.5 que nous avons cité plus haut. Une femme qui prend les devants n'est pas en train d'attendre la promesse; elle a donc un manque de confiance en Dieu, soutiennent plusieurs chrétiens. Il est vrai qu'il faut s'abstenir de tout prendre en main. Nous nous rappelons de l'histoire de Sarah, qui a donné sa servante à Abraham pour lui concevoir un enfant. Sarah avait ici tenté de provoquer l'accomplissement de la promesse par sa propre logique, avec des conséquences assez désastreuses. Nous devons effectivement mettre notre confiance en Dieu et éviter de suivre uniquement notre raisonnement. Mais comme nous l'avons dit au début de ce chapitre, attendre après Dieu ne signifie pas de rester inactif, et cela vaut autant pour les deux sexes.

Pour décourager les femmes à faire les premiers pas, certaines personnes diront que cette prise de position est le signe du désespoir et que cela fait peur aux hommes. La société (et encore plus le milieu chrétien) place un fardeau très lourd sur les hommes. Il est responsable de sa famille, il doit conquérir, pourvoir, reproduire, etc. De telles tâches peuvent rendre leur rôle intimidant. Pas étonnant que plusieurs célibataires demeurent longtemps dans le sous-sol de leurs parents! Or, former et maintenir une famille est un projet commun entre les deux partenaires. Si ce projet demande des efforts de la part de chacun, ils peuvent très bien aussi partager le stress des premiers pas?

Évidemment, il y a différentes façons de faire les premiers pas. Si une femme, au premier contact, parle déjà des noces, cela rendra l'homme certainement inconfortable, et vice versa. Mais inviter un célibataire à une activité de groupe, ou aller prendre un café, ou juste lui laisser son numéro de téléphone n'est pas vraiment épeurant. « Si un homme a peur d'une femme qui fait les premiers pas, c'est parce qu'il n'est pas prêt à être en relation », estime mon mari.

Bref, il faut parfois prendre le risque. Si l'homme est insulté parce qu'une femme fait les premiers pas vers lui, c'est simple : il n'est pas fait pour elle! En amour, l'idéal est d'être vrai à soi-même. Si une femme sait ce qu'elle veut et qu'elle est fonceuse (même un tout petit peu!), rien dans la Bible ne l'empêche de faire les premiers pas.

Où chercher? Partout!

Si vous tenez à votre foi, vous devez épouser quelqu'un qui ne porte pas seulement le titre de « chrétien », mais qui démontre vraiment son attachement à Christ. Où allez-vous trouver cette personne? Oui, vous pouvez regarder en dehors de votre église locale!

Beaucoup d'études et de sondages ont été faits pour identifier où les couples mariés se sont formés. Les résultats ont été publiés dans des magazines sérieux comme le Wall Street Journal, dans des revues chrétiennes, ou dans des papiers académiques, comme un de l'Université de Chicago. En compilant toutes ces sources (même si cela n'a rien de bien scientifique), nous découvrons des conclusions plutôt intéressantes. Parmi elles, saviez-vous que pour seulement 10 % des mariages, les époux se sont rencontrés dans la même église? Si vous n'avez pas trouvé encore l'amour de votre vie dans votre église, ne vous découragez pas. Regardez les statistiques : presque 90 % des gens trouvent leur partenaire de vie en dehors de leur église locale!

Plusieurs pasteurs citent 2 Corinthiens 6.14 pour encourager leurs fidèles à ne fréquenter que des chrétiens. « Ne vous mettez pas avec les infidèles sous un joug étranger. Car quel rapport y a-t-il entre la justice et l'iniquité? Ou qu'y a-t-il de commun entre la lumière et les ténèbres? » Et nous sommes tout à fait d'accord : votre salut est plus important que votre statut social. Mais des chrétiens, il n'y en a pas qu'à votre église locale!

En fait, il peut même y avoir des désavantages à fréquenter quelqu'un à notre église locale. Souvent, dès qu'un homme passe un peu plus de temps avec une femme pour apprendre à la connaître, les autres membres de l'église commencent à parler d'eux. Ils les voient déjà mariés, ils espèrent être invités aux noces, ou à l'opposé, ils sont complètement contre et n'hésitent pas à donner leur opinion. L'église peut donc mettre beaucoup de pression sur un jeune couple.

Autre désavantage : si cette relation ne fonctionne pas, devrez-vous changer d'église? Nous partageons parfois un cercle d'amis commun lorsque nous sommes membres de la même organisation. Si nous ne sentons pas le désir de demeurer en couple, qu'arrivera-t-il de nos amitiés? Sans compter toutes les explications que nous devrons donner aux autres membres de l'église qui nous ont vus prendre du temps ensemble.

Trouver un mari ou une épouse dans notre église locale a évidemment bien des avantages. D'abord, vous êtes au premier rang pour observer la foi active de la personne qui vous intéresse. Vous pouvez également demander des « références » et des conseils à vos pasteurs ou autres figures d'autorité dans votre église. Enfin, vos bases doctrinales seront semblables, donc moins de débats à venir.

La meilleure façon de rencontrer un partenaire potentiel dans notre église locale est bien sûr de sourire à tout le monde! Si votre expression faciale est glaciale, personne n'osera vous approcher! Impliquez-vous aussi dans un ministère ou département quelconque. Vous ne devez pas faire cela pour flirter, bien entendu. Vous devez servir pour faire grandir le Royaume de Dieu et parce que votre église c'est votre famille; tous les frères et sœurs doivent mettre la main à la pâte. Mais en participant avec passion, vous rencontrerez d'autres personnes aux mêmes intérêts, ce qui vous permettra aussi, peut-être, de trouver quelqu'un de spécial.

Si vous avez fait le tour de votre assemblée et que personne ne vous intéresse, ne vous découragez pas. Comme nous le disions plus haut, 90 % des couples chrétiens se forment en dehors de leur église locale. Toujours selon plusieurs études et sondages, un autre 10 % des célibataires se trouvent dans des événements (comme des conférences, concerts ou voyages missionnaires. Encore une fois, pour se faire des amis dans ces endroits, il faut être souriant et courtois. Agir comme bénévole vous permet aussi de faire davantage de contacts avec les gens présents, et de développer de nouvelles amitiés.

L'avantage de rencontrer un partenaire potentiel dans ces événements est que vous partagez non seulement la même foi, mais vous aimerez aussi le même type de musique (si vous assistez à un concert) ou votre cœur brûlera pour la même cause (si vous participez à une conférence ou une mission). Un des désavantages est que vous n'aurez pas un cercle commun d'amis. Vous aurez donc beaucoup d'efforts à faire pour connaître cette personne. Si votre relation semble se diriger vers le mariage, vous devrez également vous choisir une église, ce qui signifie qu'un des deux partenaires devra abandonner la sienne, ce qui peut être déchirant.

L'école et le milieu de travail sont un endroit populaire pour rencontrer un partenaire (15 % selon notre petite compilation). Oui, oui! Il y a bel et bien des chrétiens qui partagent la même foi que vous à votre travail ou à l'école! Il vous faut seulement afficher clairement vos convictions pour les dénicher.

Parmi les avantages, nous notons évidemment les mêmes intérêts, beaucoup de temps à passer ensemble pour apprendre à se connaître, possiblement des amis communs, etc. Mais il existe bien sûr des désavantages. Si votre relation ne fonctionne pas, devrez-vous changer de travail? Les histoires d'amour entre employés et patrons sont très dangereuses et à éviter. Trouver de nouveaux sujets à discuter en dehors des heures de travail peut être difficile lorsque nous passons plusieurs heures par jour avec cette personne.

Bien que ce soit encore un sujet tabou dans les églises, nous ne pouvons pas ignorer que 30 % des couples modernes (ceux formés dans les 10 dernières années) se sont rencontrés sur Internet. Vous tomberez sûrement sur des profils non recommandables, même sur des sites qui se considèrent comme chrétiens. Il est donc important de bien filtrer les résultats de vos recherches. Malgré cela, c'est un fait : Internet est un endroit très populaire pour trouver la personne avec qui vous allez vous marier. (Avant de vous lancer dans cette grande aventure que sont les sites de rencontres, nous vous encourageons vivement à lire notre autre livre sur ce sujet : « Quand ça clique! » Nous donnons de précieux conseils pour vous protéger, vous guider et rendre votre expérience efficace.)

Le mythe de l'attente

Les avantages de cette méthode sont multiples. Vous avez bien sûr accès à un nombre immense de célibataires. Vous pouvez entrer en contact avec certains d'eux en faisant un premier tri par les outils de recherches des sites. Vous pouvez aussi communiquer avec eux selon votre horaire, donc, lorsque vous êtes à votre meilleur et à votre rythme. Évidemment, si vous êtes une personne timide, l'utilisation d'un écran peut être le seul moyen pour vous de briser la glace, comme c'était le cas de mon mari!

Mais il faut l'avouer, les désavantages sont innombrables. Par exemple, l'abonnement à la plupart des sites de rencontres (lorsque nous arrivons à en trouver un bon!) coûte de l'argent. Un point qui peut se tourner en avantage : si une personne choisit d'investir dans cette méthode, c'est parce qu'elle est généralement sérieuse dans ses démarches. Évidemment, nous ne pouvons jamais vraiment faire confiance au profil derrière l'écran, et les mesures de sécurité à prendre sont très importantes au moment de la première rencontre. Puisque c'est un moyen encore tabou dans nos églises, vous aurez peut-être une certaine honte à afficher votre couple, si votre relation fonctionne. Devrez-vous changer d'église; déménager dans une autre ville? Une liste d'inconvénients qui en découragent plus d'un.

Laissez-moi préciser un autre point sur cette méthode (il m'est très difficile d'être concise, puisque nous avons tellement à dire que nous avons écrit un livre complet sur ce sujet!). Rappelez-vous que nous ne devons jamais fréquenter une personne en ligne. Une histoire d'amour doit se développer « dans le monde réel ». Les sites de rencontres sont uniquement un moyen de briser la glace et d'avoir accès à davantage de célibataires. Mais toute relation doit se bâtir dans le vrai monde. Il n'y a rien de pire qu'une relation virtuelle. Assurez-vous donc de rencontrer la personne le plus rapidement possible.

Enfin, depuis des dizaines et des dizaines d'années, la méthode la plus populaire pour rencontrer un partenaire est… par des amis. Plus d'un couple sur trois (35 %) est formé de cette façon. Nous devons par conséquent bien choisir nos amis, investir dans ces relations, et partager avec eux ce que nous recherchons dans un partenaire. Certains célibataires écartent toujours le sujet. Il faut au contraire en parler pour multiplier vos possibilités! Peut-être pas continuellement, pour éviter de les exaspérer, mais ne vous cachez pas.

Les avantages sont évidents, par contre, les inconvénients ne manquent pas. Si votre couple ne fonctionne pas, est-ce que cela viendra scinder votre groupe d'amis? Ou encore, vos amis pourraient se sentir tellement impliqués dans votre histoire qu'ils essaieront de prendre les décisions à votre place.

Il n'y a pas de méthode parfaite pour chercher un partenaire. Chacune de celles mentionnées ici possède des avantages et des inconvénients, c'est à vous de voir quels désavantages vous êtes prêts à assumer. En résumé, lorsque vous désirez rencontrer un bon match, partagez votre foi à vos amis, votre famille, vos collègues; participez à toutes sortes d'activités chrétiennes, et ne soyez pas religieux ou légalistes. Ce sont là des attitudes que tous les enfants de Dieu devraient afficher. Et pour les célibataires chrétiens, ce sont même des moyens qui peuvent vous aider à trouver un amoureux.

Prendre le temps

Comme pour tout objectif que nous désirons atteindre, nous devons y investir du temps. Cela n'est certainement pas une surprise pour personne. Si nous sommes sérieux dans notre désir de rencontrer quelqu'un, il faut sortir de notre routine et faire des activités qui nous permettront d'entrer en contact avec d'autres célibataires. La soirée que vous consacrerez à développer des amitiés se transformera ensuite en votre soirée romantique avec votre partenaire, et ultérieurement en votre soirée de couple avec votre époux ou épouse. Être en amour demande un sacrifice de notre temps, et cela commence bien avant de trouver la personne spéciale.

Il en va de même pour tous nos objectifs. Si vous désirez vous mettre en forme, vous devrez sacrifier quelques heures par semaine pour vous rendre au gym. Si vous voulez accomplir le plan de Dieu dans votre vie, vous devrez sacrifier quelques heures par semaine pour rechercher sa face et exécuter les tâches qu'Il vous confie. « Il dit à un autre : suis-moi. Et il répondit : Seigneur, permets-moi d'aller d'abord ensevelir mon père. Mais Jésus lui dit : laisse les morts ensevelir leurs morts; et toi, va annoncer le royaume de Dieu » (Luc 9.59-60).

Si vous avez envie de trouver un partenaire, commencez par regarder votre emploi du temps. Mon mari et moi rencontrons souvent des célibataires en coaching privé qui ont un horaire tellement chargé qu'ils n'ont tout simplement pas de place pour une autre personne dans leur vie. Nous leur demandons alors de revoir leurs priorités et d'être prêt à sacrifier une de leurs activités pour investir dans cette future relation. Et vous, quelle soirée par semaine consacrez-vous à votre quête? Que ce soit pour faire une sortie avec de nouvelles connaissances, ou un temps spécial que vous passez avec Dieu pour qu'Il corrige vos mauvaises habitudes. Ce pourrait être un moment où Dieu vous amène à rêver et vous faire des objectifs de vie, ou encore, où vous irez servir bénévolement pour une cause particulière. Laissez-vous un espace dans votre agenda pour suivre ce que Dieu vous demande de faire dans ce domaine précis.

Combien de possibilités manquons-nous

parce que nous refusons de sacrifier notre temps?

Le danger du célibat

Le message de Christ a toujours été le même. « Il n'y a pas de plus grand amour que de donner sa vie pour ses amis », a-t-il dit (Jean 15.13). Et Il nous l'a bien démontré en mourant sur la croix pour nous sauver. Nous n'aurons probablement jamais à faire le même sacrifice extrême que Jésus a fait pour nous, mais Il a tout de même dit : « C'est ici mon commandement : Aimez-vous les uns les autres, comme je vous ai aimés » (Jean 15.12).

En tant que chrétiens, nous sommes appelés à servir les autres, voire même à donner ce que nous avons à ceux qui en ont besoin. « Il leur répondit : Que celui qui a deux tuniques partage avec celui qui n'en a point, et que celui qui a de quoi manger agisse de même » (Luc 3.11). Nous devrions être généreux même envers nos ennemis! « Si quelqu'un te frappe sur une joue, présente-lui aussi l'autre. Si quelqu'un prend ton manteau, ne l'empêche pas de prendre encore ta tunique » (Luc 6.29).

Nous entendons souvent des gens encourager les célibataires en leur disant : « L'avantage pour toi, c'est que tu peux faire ce que tu veux, quand tu veux, comme tu le veux! » Et c'est vrai, jusqu'à un certain point. Si nous désirons inviter une amie pour souper, nous n'avons pas besoin de l'opinion de qui que ce soit. Une fois mariée, nous devrons demander à notre partenaire s'il aimerait recevoir de la visite ce soir-là. Par amour, nous évitons de lui imposer nos décisions. Il en va de même pour plusieurs détails de notre vie. Dans un couple (en santé), nous ne sommes plus maîtres de nous-mêmes, nous sommes au service de l'autre (Éphésiens 5.22-33). Célibataires, nous n'avons pas cette restriction. Or, il faut faire attention : cette « liberté » peut facilement devenir de l'égocentrisme.

Célibataire depuis plusieurs années, une femme avait l'habitude de regarder toujours la même émission, tous les mercredis. Lorsque sa sœur lui demanda de venir prier pour elle, un mercredi soir, elle s'excusa le plus poliment possible. Elle aurait pu enregistrer son émission, et l'écouter plus tard. Mais ce n'était pas qu'une émission, il y avait tout un petit rituel autour. Elle revêtait son pyjama, se faisait un latté dans sa tasse préférée, s'enroulait dans une couverture et se mettait en petite boule dans son sofa. C'était sa soirée à elle. Puisqu'elle était célibataire depuis plusieurs années, elle avait développé cette habitude qui lui faisait plaisir. « C'est ma vie, j'ai bien le droit de faire ce que j'en veux : et ce soir, c'est non », s'est-elle dit.

Et c'était là son erreur. Christ a été crucifié pour sauver notre vie de la mort éternelle. Or, pour être sauvé, nous devons non seulement accepter le sacrifice de Christ et le reconnaître comme notre Sauveur; mais nous devons aussi lui donner notre vie en retour – Christ devient ainsi notre Seigneur. Être sauvé signifie que notre vie lui appartient, nous ne pouvons plus dire : « C'est ma vie, j'ai le droit d'en faire ce que je veux ». Paul l'a bien exprimé dans Galates 2.20 : « J'ai été crucifié avec Christ; et si je vis, ce n'est plus moi qui vis, c'est Christ qui vit en moi; si je vis maintenant dans la chair, je vis dans la foi au Fils de Dieu, qui m'a aimé et qui s'est livré lui-même pour moi ».

Les couples mariés (du moins ceux qui ont une relation saine) développent l'habitude de « se sacrifier » pour l'autre. Or, pas besoin d'être marié pour pratiquer ce commandement de Jésus. Nous pouvons le faire même lorsque nous sommes célibataires. Pour garder un bon équilibre entre « se donner » et « prendre soin de soi », déposons notre vie dans les mains de Dieu. Laissons-le décider quand nous devons sacrifier notre soirée préférée et quand nous devons prendre un temps pour soi. Si nous pratiquons cette habitude de donner à Dieu le contrôle de notre emploi du temps, il nous sera plus facile, une fois en couple, de faire parfois quelques sacrifices pour l'autre.

Sortir de chez soi pour aller à la rencontre d'autres célibataires nous demande de quitter notre zone de confort. Participer à différentes activités, s'impliquer à notre église, servir les autres, nous coûte du temps et des efforts. Malheureusement, plusieurs célibataires sont encore seuls parce qu'ils n'ont « pas le goût » de faire des sacrifices. C'est une chaîne qui empêche aussi plusieurs chrétiens d'entrer dans leur appel, d'être à l'endroit où Dieu voudrait les bénir.

En résumé...

Attendez-vous que Dieu vous présente votre partenaire de vie pendant que vous, vous restez confortablement assis chez vous? Êtes-vous prêts à sacrifier votre temps pour faire de nouvelles rencontres? Que ce soit dans le but d'une future relation amoureuse ou, encore mieux, pour être le vaisseau dont Dieu a besoin pour bénir les autres?

Si vous faites effectivement des démarches en ce sens, si vous êtes disponibles et que vous rencontrez régulièrement de nouvelles personnes, continuez! Ce n'est peut-être pas la raison pour laquelle vous êtes encore célibataires; passez au chapitre suivant!

CHAPITRE 05
FAIRE FAUSSE ROUTE

Certains célibataires chrétiens prennent le temps de chercher un partenaire, ou du moins, ils sont disponibles pour rencontrer quelqu'un. Or, ils passent parfois à côté d'un très bon match potentiel parce qu'ils ne cherchent pas de la bonne façon. Il n'y a évidemment pas une méthode parfaite pour tomber en amour. Vous pourriez ignorer tous les conseils suggérés dans ce chapitre, et même dans tout ce livre, et faire tout de même une agréable rencontre. Toutefois, vous augmenterez certainement vos possibilités en prenant en considération les points suivants.

L'âme sœur n'existe pas

Lorsque nous sommes célibataires, nous rêvons souvent à la personne avec qui nous nous marierons. Nous prions parfois pour elle, nous décrivons ce que nous désirons qu'elle soit et nous nous demandons comment Dieu nous la présentera, et surtout à quel moment. Grâce à Hollywood, nous avons généralement une pensée idéaliste de cette fameuse rencontre, et surtout de cette personne spéciale.

Dieu sait que, si nous nous marions, nous serons unis à une seule personne (à moins d'une tragédie, mais bon, évitons de parler de cela). Dieu connaît aussi QUI elle sera. Mais est-ce que Dieu l'a créée spécialement pour nous? Une belle chanson dit : « Lorsque Dieu t'a créé, Il devait penser à moi », laissant sous-entendre que l'élu de son cœur est un match parfait. Ce sont des paroles bien romantiques, mais non bibliques.

Dans la Bible, Dieu ne commande jamais à un homme de prendre une femme bien précise comme épouse, à l'exception d'Adam, mais ses choix étaient plutôt minces! À plusieurs reprises, Dieu instruit ses fils de prendre des femmes parmi son peuple, mais sans donner de nom en particulier. Dieu a indiqué à Osée d'épouser une prostituée, pour illustrer la situation morale de son peuple, mais encore là, Il n'a pas pointé une prostituée en particulier. Autre exception : Dieu a dit à Joseph de marier Marie, alors qu'elle était enceinte de Jésus. Mais ce couple était fiancé, ils s'étaient déjà choisis l'un l'autre.

La personne que vous épouserez vous semblera peut-être si compatible avec vous que vous aurez l'impression qu'elle a été créée juste pour vous, comme de belles chansons romantiques évoquent. Mais la vérité est non, Dieu n'a pas créé une personne juste pour vous. Comme en toutes choses, Dieu nous laisse libres. Il nous demande d'opter pour quelqu'un de la même foi, avec qui nous pourrons faire grandir son Royaume. Ce qui importe pour Dieu est de voir que l'époux va servir et protéger sa femme, et que l'épouse va servir et soutenir son mari.

Autre précision à ajouter ici : dans toutes les histoires bibliques, la femme n'est jamais apparue par miracle à l'homme. (Mis à part Adam...) Abraham a envoyé son serviteur chercher une épouse à Isaac. Jacob a travaillé deux fois sept ans pour Rachel. Même Osée a dû se rendre en ville pour trouver sa femme. C'est loin d'être romantique, mais la Parole de Dieu nous démontre que nous avons à faire des pas pour rencontrer notre partenaire de vie. La société a un peu évolué et les femmes maintenant ne sont pas données en mariage par leurs pères. Elles peuvent choisir et tout comme les hommes doivent décider avec sagesse, elles doivent en faire tout autant. Il n'est pas écrit dans la Bible que nous devons attendre que Dieu nous envoie l'élu de notre cœur.

L'idée de l'âme sœur est non biblique. Elle est basée sur une mythologie grecque. Il n'y a pas une seule personne sur Terre qui vous est destinée. C'est une bonne nouvelle! Cela signifie que votre quête est plutôt simple! Il y a très peu de critères essentiels pour Dieu. Il désire nous voir choisir un partenaire ayant la même foi. En toute sagesse, nous devons aussi avoir quelques critères pour nous assurer un mariage harmonieux (nous en parlons plus loin, dans ce chapitre). Dieu connaît nos cœurs, nos goûts et Il nous présentera toutes sortes d'occasions pour croiser de bons potentiels. Lorsque nous marchons dans sa volonté, nous irons à des endroits où son Esprit est et où se trouveront d'autres célibataires ayant le même cœur pour Dieu. Il ne nous conduira pas vers des clubs mondains ou des sites Internet faisant la promotion d'aventures d'une nuit. En servant le Seigneur avec nos talents, nous rencontrerons aussi sûrement d'autres célibataires qui partagent des passions semblables aux nôtres. Devant toutes ces bonnes possibilités, notre Père nous laissera le choix. Si un homme et une femme se jurent fidélité devant Dieu et devant les hommes, Dieu les acceptera et s'engagera avec eux.

Puisque vous êtes compatible avec plus d'une personne, vous ne pouvez pas vous tromper! Vous ne pourrez pas dire après 30 ans de vie commune : « J'ai marié la mauvaise personne ». Celle que vous allez épouser sera imparfaite (tout comme vous). Mais si vous avez le même but (faire grandir Son Royaume), que vous avez des passions semblables, et que vous vous servez l'un l'autre, vous resterez mariés jusqu'à ce que la mort vous sépare. Refusez le stress de trouver votre âme sœur… ça n'existe pas!

Vision ou imagination?

Puisque Dieu sait que plusieurs de ses

enfants pourraient être un bon match pour nous, comment expliquer que certains célibataires ont des rêves de la personne à épouser? « Dieu m'a montré en vision que tu seras ma femme! » Ah oui? Avant de vous résigner, utilisez votre discernement. Le verset 1 Jean 4.1 est très clair. « Bien-aimés, n'ajoutez pas foi à tout esprit; mais éprouvez les esprits, pour savoir s'ils sont de Dieu, car plusieurs faux prophètes sont venus dans le monde. » Même si quelqu'un affirme « Dieu m'a dit », restez sur vos gardes! Il ne faut pas croire tout ce que l'on nous raconte. Il est important de toujours consulter le Seigneur, par sa Parole.

Alors, allons-y! Qu'est-ce que la Bible nous dit sur les visions? Dans l'Ancien Testament, rares étaient ceux qui en avaient. Ce don était généralement manifesté par une petite poignée de prophètes. Si nous considérons celles de Daniel et d'Ezéchiel, par exemple, elles faisaient référence à la santé et l'avenir de la nation. D'autres personnes en ont eu aussi, comme Jacob et son échelle (Genèse 28.12) ou l'apôtre Pierre et sa table (Actes 10.9-16). Dans ces cas, les visions étaient un message personnel de Dieu pour les amener à changer leur attitude et les rapprocher du cœur de Dieu.

Il n'y a jamais eu de vision pour un futur mariage dans la Bible. Pas un homme de Dieu n'a vu la femme qu'il devait épouser en vision. Certains ont eu des confirmations en songes, par contre. Tout comme les visions, les songes sont souvent des messages pour le salut (ou la destruction) d'une nation. D'autres fois, ils servent d'avertissement ou de direction à prendre. Par exemple, un ange est apparu à Joseph en songe pour l'encourager à aller de l'avant dans ses intentions d'épouser Marie, bien qu'elle soit tombée enceinte. C'est un des rares songes qui parlait de mariage, et dans ce cas-ci ils étaient déjà fiancés. Jamais un homme n'a reçu l'ordre de marier une femme précise en songe.

Si nous nous fions à la Parole de Dieu, il est possible d'avoir une vision ou un songe pour confirmer notre décision, mais pas pour nous indiquer précisément qui épouser. Surtout si l'autre personne n'a aucun sentiment pour vous! Évitez de sauter aux conclusions si vous rêvez à votre mariage avec une personne en particulier. Les rêves, même ceux qui sont bizarres, ne signifient pas tous quelque chose. C'est aussi le moyen pour notre cerveau de faire le tri de toutes les informations et émotions que nous vivons dans une journée. Même l'Ecclésiaste savait cela. « Car, si les songes naissent de la multitude des occupations, la voix de l'insensé se fait entendre dans la multitude des paroles » (Ecclésiaste 5.3).

Visions, songes, rêves... il y a aussi notre imagination qui peut entrer en ligne de compte, une imagination qui est parfois influencée par la convoitise de notre chair. Nous désirons quelque chose tellement fort (ou quelqu'un) que nous commençons à voir cette chose partout où nous allons, nous avons l'impression que tout le monde nous en parle; bref, nous pouvons nous « imaginer » des signes du ciel.

Une façon de savoir si votre vision ou songe vient de Dieu est de le passer par le filtre de la Bible, c'est-à-dire de voir s'ils ont le même but que ceux qui sont dans la Parole. Est-ce que votre vision ou songe vous indique quelque chose à faire (ou une direction de prière) pour faire avancer le Royaume de Dieu? Est-ce que cela glorifie l'Éternel? Est-ce que cela confirme une ordonnance que Dieu vous avait déjà donnée à vous personnellement? Est-ce que cela vous rapproche davantage du cœur de Dieu?

Que faire si nous rêvons que nous nous marions à quelqu'un en particulier? D'abord, gardez votre cœur, ne vous emballez pas! Ce rêve démontre peut-être tout simplement le type de personne que vous désirez épouser. Il est aussi possible que ce soit votre chair qui convoite cet individu, et si c'est le cas repentez-vous, car la convoitise est un péché. Vous pouvez toutefois discuter avec elle de façon amicale. Évitez de lui dire que vous avez rêvé à elle! Il n'y a rien de plus bizarre qu'une telle déclaration de la part d'un étranger! Mais si cette personne a donné sa vie à Christ, vous êtes donc de la même famille spirituelle; vous pouvez aller lui parler sans gêne et surtout sans attente. En vous rapprochant d'elle, vous tomberez peut-être sur sa sœur ou son frère ou son ami et ce sera cette autre personne qui fera battre votre cœur. Les possibilités sont infinies! Seulement, gardez votre cœur, votre sang-froid et votre intelligence, et restez à l'écoute du Saint-Esprit. Dieu a plusieurs moyens pour vous parler, en dehors des visions et des songes!

Coup de foudre? Non, merci!

Les papillons dans le ventre, un battement de cœur plus rapide, un sourire complice… Plusieurs célibataires attendent ces signes pour croire qu'ils sont amoureux. Mais est-ce vraiment l'amour? Pas selon la Parole. La meilleure définition de l'amour est dans 1 Corinthiens 13. L'amour est patient, n'est pas envieux, ne se vante pas, ne s'enfle pas d'orgueil, ne fait rien de malhonnête, ne cherche pas son intérêt, ne s'irrite pas, ne soupçonne pas le mal, ne se réjouit pas de l'injustice, mais de la vérité. Il pardonne, croit, espère et supporte tout. Bref, l'amour n'est pas un sentiment, c'est une décision. Selon Dieu, l'amour n'a rien d'émotionnel!

Cupidon est souvent dépeint comme un ange, mais il absent dans la Bible! Ce que nous ressentons, ces belles émotions, peut nous rendre aveugles. Or, Dieu ne veut pas que nous prenions des décisions basées sur nos émotions, en amour comme dans tout autre domaine. C'est ce que dit Philippiens 1.9 : « Et ce que je demande dans mes prières c'est que votre amour augmente de plus en plus en connaissance et en pleine intelligence ». Un amour qui augmente en connaissance et en intelligence... En grec, ces deux mots parlent de discernement moral, d'analyse d'informations : rien de bien émotif, quoi!

Pourquoi rechercher la connaissance? La réponse vient dans les deux versets suivants : « pour le discernement des choses les meilleures, afin que vous soyez purs et irréprochables pour le jour de Christ, remplis du fruit de justice qui est par Jésus Christ, à la gloire et à la louange de Dieu » (Philippiens 1.10-11). Nous ne produirons pas de fruit de justice, nous ne serons pas purs et irréprochables si notre salut, notre amour pour Dieu, n'est qu'une émotion. Il faut étudier la Parole, l'analyser. Ainsi, lorsque nos émotions seront éprouvées, nous pourrons nous reposer sur les faits que nous avons appris, sur notre connaissance.

Cela s'applique aussi à nos relations de cœur. Notre amour doit être un mélange d'émotions et de réflexions. Lorsque les épreuves viendront et que nos sentiments seront ébranlés, nos convictions nous aideront à rester fermes. Il est normal d'avoir le cœur qui bat plus vite devant quelqu'un de spécial, mais refusez de laisser ces émotions être votre unique standard pour choisir votre partenaire. Il faut aussi aimer avec notre tête.

D'ailleurs, les élans émotifs peuvent parfois se développer après les raisonnements logiques. Je ne suis pas tombée à la renverse lorsque j'ai rencontré Tobi pour la première fois. Je l'ai trouvé bien gentil, nous avions plusieurs choses en commun ce qui rendait nos conversations très intéressantes. Je crois qu'il en a été de même pour lui. Nous n'avons pas eu de coup de foudre, comme nous le voyons dans les films. Notre amitié s'est développée sur des bases solides et les émotions ont grandi peu à peu. Aujourd'hui, après plusieurs années de mariage, je suis complètement amoureuse de mon homme. Je pense toujours à lui et chaque petite référence à sa personne m'illumine de joie. Dans sa façon de me protéger et de vanter mes mérites à ses collègues, je reconnais aussi très bien que son amour pour moi est plus que logique.

Je tenais à ajouter ce point car nous voyons trop souvent des célibataires passer à côté de quelqu'un formidable pour eux seulement parce qu'ils ne sentent pas de petits papillons dès les premiers instants ensemble. Rappelez-vous que pour Dieu, l'amour n'est pas seulement une émotion.

Chercher un partenaire financier

Vivre selon les modèles du monde coûte cher. Chaque partenaire doit avoir son véhicule; ils doivent habiter dans une belle maison; leurs enfants doivent participer à des activités parascolaires; et toute la famille devrait voyager une ou deux fois par année. À cela, il faut ajouter les restaurants, les sorties, les téléviseurs et ordinateurs... Tout cela est dispendieux! Si nous gardons ce modèle en tête lorsque nous cherchons à nous marier, nous risquons de refuser plusieurs bons matchs potentiels tout simplement pour poursuivre ce train de vie.

Que dit Dieu à propos de l'argent? Dans Luc 16, Jésus décrit l'argent comme un moyen pour se faire des amis ou des contacts d'affaires, ou pour aider les pauvres. Il n'y a pas de mal à s'acheter une maison ou de beaux vêtements. Plusieurs théologiens affirment que Jésus portait des habits de haute couture de son temps, mais jamais Jésus n'a couru après ces richesses. Vous n'avez pas besoin de beaucoup d'argent pour vivre un mariage heureux.

Plusieurs femmes recherchent un mari qui sera le pourvoyeur de la famille. Cette idée qu'il a la responsabilité monétaire dans le foyer n'est toutefois pas un commandement de Dieu. Oui, 1 Timothée 5.8 stipule qu'il doit pourvoir aux besoins de sa famille, et plusieurs versets dénoncent toute paresse, mais nulle part il n'est dit qu'il doit être le seul pourvoyeur. Dans le Proverbe 31, nous voyons même une femme d'affaires qui travaille fort pour subvenir aux besoins des siens. Pour avoir une certaine paix d'esprit, il est utile qu'au moins un des deux partenaires ait un revenu stable. Mais que ce soit la femme ou l'homme la source de ce revenu, cela a peu d'importance. Si une femme célibataire a un revenu stable, elle ne devrait pas écarter un match potentiel en se basant sur le salaire de ce dernier. Tant qu'il n'est pas paresseux...

Lorsque deux personnes se marient, elles se jurent fidélité dans la pauvreté et la richesse. Il est possible pour un couple de vivre des moments plus difficiles financièrement. L'apôtre Paul a aussi eu des temps de disette et d'abondance (Philippiens 4.12). Toutes les possessions que l'argent peut acheter disparaîtront éventuellement. Ne placez donc pas le compte de banque comme un item sur votre liste de critères. « Et MON DIEU pourvoira à tous vos besoins selon sa richesse, avec gloire, en Jésus Christ » (Philippiens 4.19).

Chercher la beauté ou la dévotion?

Trop souvent, des chrétiens mariés essaient de jouer les intermédiaires entre deux célibataires de leur église. « Il n'est pas très beau, mais peu importe. Dieu regarde au cœur et non à l'apparence; fais de même! », disent-ils. Ils ont de bonnes intentions et ils citent bel et bien un verset biblique. « Et l'Éternel dit à Samuel : Ne prends point garde à son apparence et à la hauteur de sa taille, car je l'ai rejeté. L'Éternel ne considère pas ce que l'homme considère; l'homme regarde à ce qui frappe les yeux, mais l'Éternel regarde au cœur » (1 Samuel 16.7).

Ou encore, pour minimiser l'importance de la beauté, d'autres aiment citer Ésaïe 53.2 qui parle de Jésus : « Il s'est élevé devant lui comme une faible plante, comme un rejeton qui sort d'une terre desséchée; Il n'avait ni beauté, ni éclat pour attirer nos regards, et son aspect n'avait rien pour nous plaire ». Nous devrions donc nous marier les yeux fermés? Pas nécessairement!

Dans la société, le culte du corps est une véritable idolâtrie. Les mannequins dans les magazines sont scrutés au peigne fin et chaque petite imperfection est méticuleusement retirée lors du traitement des photos. Chercher à ressembler à ces modèles, ou même se comparer à ces images est loin d'être le plan de Dieu pour notre vie. Comme David le disait si bien : « Je te loue de ce que je suis une créature si merveilleuse. Tes œuvres sont admirables, et mon âme le reconnaît bien » (Psaumes 139.14).

Si la recherche futile d'une apparence parfaite est une forme d'idolâtrie, donc un péché, cela ne signifie pas pour autant que les chrétiens devraient avoir l'air d'un naufragé après plusieurs mois d'isolement sur une île déserte! Choisir des vêtements appropriés (du siècle présent!), se doucher et se brosser les dents est un minimum que tout le monde peut faire! Se « mettre beau », ou belle, signifie de faire un effort pour être à notre avantage. Lorsque nous prenons le temps de bien nous habiller et de nous coiffer, nous démontrons que nous sommes capables de prendre soin de nous-mêmes, et du même coup que nous pourrons aussi prendre soin de notre tendre moitié.

Nous discernons la personnalité de quelqu'un en regardant à la façon dont il ou elle prend soin de son apparence. Une femme qui se présente à l'église un dimanche bien coiffée et habillée, et la semaine suivante avec les cheveux gras et en portant des vêtements « mous », démontre qu'elle est inconstante ou qu'elle cède à la paresse de temps en temps. Si elle suit ses émotions pour prendre soin d'elle-même, fort est à parier qu'elle aura le même agissement dans d'autres domaines de sa vie.

À l'opposé, imaginez un jeune homme qui se présente toujours impeccable. Pas un poil ne dépasse de sa moustache. Il maintient son poids idéal au gramme près et ses vêtements sont repassés et parfaitement agencés, et cela, même lorsqu'il fait le ménage de son appartement, le samedi après-midi! Encore une fois, cette apparence enseigne à une fille qu'il sera intransigeant sur l'allure de sa partenaire. Qu'est-ce que votre apparence dit de vous? Est-ce l'image que vous souhaitez que les gens aient de vous?

Dieu ne veut pas que notre look devienne une obsession. Nous ne devrions jamais marier ou même fréquenter une personne seulement en raison de son apparence. Les fleurs finissent par se flétrir, la beauté de la jeunesse disparaîtra éventuellement. Mais cela ne signifie pas non plus de se laisser aller. Après tout, nous représentons le Roi des rois!

Nous avons tous des préférences, en terme d'apparence, et c'est bien ainsi. Il serait toutefois essentiel de remettre ces préférences dans les mains de Dieu. Si votre Père céleste a un partenaire idéal à vous proposer, soyez ouverts. Après quelques discussions avec lui, vos critères de beauté sembleront possiblement moins importants. Mais ne vous forcez pas non plus dans une relation avec une personne qui vous dégoûte!

De même, ne soyez pas offensés si votre style déplaît à la personne qui a fait battre votre cœur. Si vous avez des défauts à changer, allez-y, mais faites-le pour votre propre bien et non pas pour essayer de convaincre l'autre de vous aimer. Ce serait une forme de manipulation, et encore là, ce n'est pas un comportement d'enfant de Dieu. Prenez bien soin de vous et si votre style ne fait pas l'unanimité, tant pis!

Dernier petit conseil, n'exigez pas de l'autre ce que vous n'êtes pas vous-mêmes. Un homme un peu grassouillet ne peut pas contraindre sa femme à avoir un poids parfait. Si vous voulez qu'une femme accepte vos petites poignées d'amour, vous devez tolérer les siennes. « Ce que vous voulez que les hommes fassent pour vous, faites-le de même pour eux » (Luc 6.31). Il en va pour tous les autres petits critères de beauté qui nous tiennent à cœur.

Ces femmes qui cherchent un esclave

(Les hommes, vous pouvez sauter au prochain sous-titre… nous parlerons aux femmes ici.)

Mes parents se sont divorcés lorsque j'ai commencé l'école. Puisque j'habitais seule avec ma mère, nous devions nous diviser toutes les tâches de la maison, même tondre le gazon et élaguer la haie, deux corvées que nous détestions faire. Un jour, ma mère m'a dit : « J'aimerais bien me remarier pour qu'il tonde le gazon, élague la haie, répare ce qui est brisé, etc. » Je lui ai répondu : « Mais ce n'est pas un mari qu'il te faut, c'est un esclave! » Et nous nous sommes mises à rire.

Ce n'était pas très loin de la réalité. Lors de nos sessions de coaching privées, mon mari et moi entendons souvent des femmes célibataires nous confier qu'elles désirent être mariées à un homme qui priera avec elles, qui les fera rire, qui les câlinera, qui aimera ce qu'elles cuisinent et qui les suivra dans les projets qu'elles ont déjà formés. En fait, ce qu'elles devraient chercher n'est pas un époux, mais un petit chien! Un toutou répondra à tous leurs besoins d'attention, d'affection, et les accompagnera partout. Il ne restera qu'à lui apprendre à fermer les yeux lorsqu'elles prient et voilà!

Inutile d'attendre d'être mariée pour faire des projets. Vous pouvez très bien être une femme avec de grandes ambitions. Mais le chapitre que vous écrivez pendant votre célibat devra peut-être prendre fin radicalement lorsque vous serez en couple. Oui, il y a des femmes qui ont atteint la célébrité et le succès, et qui se sont mariées à des partenaires soumis qui les suivent partout, mais elles sont rares et souvent leur mariage n'est pas très solide.

Car un mariage est l'union de deux individus. Ce n'est pas les plans et projets d'une personne et l'autre doit les suivre! Si vous n'êtes pas prêtes à abandonner vos rêves pour en former de nouveaux avec votre partenaire, vous n'êtes pas prêtes à vous marier. Pensez-y, c'est logique, même les hommes qui ont peu d'ambitions ont tout de même des préférences. Qui voudrait se marier pour devenir un esclave?

Rassurez-vous : ce n'est pas parce que vous décidez de mettre vos rêves personnels de côté, pour en poursuivre de nouveaux, que vos propres passions seront inassouvies. Prenons l'exemple d'une jeune femme qui a une voix extraordinaire et qui désire faire carrière dans la musique. Durant son célibat, tous ses efforts, son argent et son temps seront dévoués à son but. Mais si elle décide de se marier, elle doit accepter que ses efforts, son argent et son temps soient d'abord destinés à son mari et sa famille. Si le chant est un de ses talents, elle épousera certainement un homme qui respecte et admire sa passion, et qui l'encouragera dans ce domaine. Peut-être sera-t-il lui-même musicien et ensemble, ils formeront des buts musicaux. Abandonner nos rêves de célibataire ne veut pas dire que nous aurons une vie misérable, sans voir nos passions s'épanouir. Cela signifie seulement que nous ne pouvons pas choisir de continuer de vivre comme nous le faisions étant célibataires, en espérant que le petit mari s'ajoutera tout simplement à nos plans, sans poser de questions.

Allez relire le Proverbe 31. Son mari la louange, ses enfants la disent heureuse, parce qu'elle travaille fort… au succès de sa maison, d'abord et avant tout! Oui, elle a de la réussite en affaires, et elle est reconnue de tous, mais sa famille est sa priorité. Vous voulez vous marier? Êtes-vous prête à abandonner votre vie telle que vous la connaissez maintenant?

Pourquoi se restreindre à un partenaire de même foi?

Lorsque vous demandez à vos autorités spirituelles ce que Dieu exige concernant le choix d'un partenaire, elles vous encourageront à opter pour une personne de la même foi que vous. Elles citeront sûrement le verset 2 Corinthiens 6.14 : « Ne vous mettez pas avec les infidèles sous un joug étranger. Car quel rapport y a-t-il entre la justice et l'iniquité? Ou qu'y a-t-il de commun entre la lumière et les ténèbres? » Or, dans cette lettre, Paul ne parlait pas de mariage, mais bien de mélanger les religions mondaines à la foi en Christ.

Toutefois, la recommandation que Paul fait aux Corinthiens pourrait aussi s'appliquer au mariage. Dans l'Ancien Testament, Dieu désapprouvait les unions entre les fils de son peuple et les filles étrangères (Deutéronome 7.3-6, Esdras 10.10). Il est raisonnable de croire que son opinion est restée la même. Grâce à Jésus, son peuple est un peu différent, mais le principe demeure. Si vous êtes nés de nouveau, que vous faites partie de son peuple, Dieu désire que vous choisissiez un partenaire du même peuple, donc, de la même foi.

Dans le chapitre 7 de la première lettre aux Corinthiens, Paul donne toutes sortes de recommandations aux couples mariés et aux célibataires. À ceux qui sont chrétiens et qui n'ont jamais été mariés, il omet de préciser qu'ils doivent épouser seulement d'autres chrétiens. Mais lisez bien ce qu'il dit aux veuves. « Une femme est liée aussi longtemps que son mari est vivant; mais si le mari meurt, elle est libre de se marier à qui elle veut; seulement, que ce soit dans le Seigneur » (1 Corinthiens 7.39). Paul tient à préciser à la fin du verset « seulement, que ce soit dans le Seigneur », comme s'il était évident qu'un remariage devait se faire « dans le Seigneur », comme lors d'une première union. Lorsque Paul parle des couples où l'un des partenaires est chrétien et l'autre ne l'est pas, il s'adresse aux couples où l'un des partenaires s'est converti après s'être marié. Il ne conseille aucunement aux chrétiens de se marier avec des non-croyants.

Il y a très peu de versets qui parlent des fréquentations et du choix d'un partenaire. Il faut donc passer par toutes ces explications pour arriver à discerner la volonté de Dieu. Mais si ces quelques versets ne vous convainquent pas, voici quelques raisons très logiques.

- Si vous êtes tous les deux à l'écoute du Saint-Esprit, vous aurez l'arbitre parfait lors de vos conflits. Vous avez un point de désaccord? Vous allez tous les deux en parler avec Dieu, chacun de votre côté. Dieu vous donnera la compassion pour considérer la position de votre partenaire et Il vous inspirera la solution satisfaisante pour tous les deux. Vous éviterez de vous blesser l'un l'autre si vous vous reposez tous les deux sur le Saint-Esprit.

- Lorsque Dieu vous donne une parole particulière ou que vous découvrez une vérité intéressante dans la Bible, vous devenez si joyeux que vous voulez la partager. Si votre partenaire ne peut pas comprendre vos révélations, parce qu'il n'est pas chrétien (1 Corinthiens 1.18), votre joie s'éteindra rapidement. Pouvoir échanger avec votre partenaire ce que vous découvrez, et pouvoir demander son opinion sur des passages plus compliqués est nécessaire à votre croissance en Dieu.

• Si vous désirez avoir des enfants, vous voudrez leur partager votre foi. Mais si votre partenaire ne vous supporte pas dans l'édification spirituelle de vos enfants, lorsqu'ils seront devant des doutes ou des moments de faiblesse, il leur sera beaucoup plus difficile de rester ferme dans leur foi (1 Corinthiens 15.33).

• Si votre partenaire est non-croyant, comment comprendra-t-il votre implication? Peut-être songera-t-il à se la couler douce toutes les fins de semaine dans une maison de campagne et il sera irrité par votre désir d'aller à votre réunion dominicale. Et si votre foi est très importante pour vous, vous passez certainement plus d'une journée à l'église. Un soir pour les répétitions de chorale, un autre pour de l'évangélisation ou des cours bibliques, en plus de votre assemblée du dimanche matin. Si votre partenaire ne partage pas vos croyances, votre implication sera le sujet de grandes disputes dans votre couple.

• Garder les relations sexuelles pour le mariage seulement est une exigence déjà difficile à respecter pour les célibataires chrétiens. La bataille entre la chair et l'esprit est souvent très intense, même pour ceux qui sont fermes dans leur foi. Alors, imaginez ceux qui n'ont aucun attachement à Dieu. Comment le Saint-Esprit pourrait-il les convaincre? Ce sera certainement un des plus grands points de discorde.

• Vous avez été sauvés pour étendre Son Royaume, pour « faire de toutes les nations des disciples » (Matthieu 28.19-20). Cet appel sera très difficile à exécuter si votre partenaire ne partage pas votre foi!

Il y a probablement d'autres raisons très logiques qui vous viennent en tête. Et si vous demandez à Dieu qu'Il vous parle par sa Parole, Il vous indiquera sûrement des versets qui consolideront vos croyances. Ne compromettez pas votre foi. Votre salut est plus important que votre statut social.

Revoir votre liste de critères

Ah, la fameuse liste de critères! Certains célibataires prennent l'exercice très au sérieux, et leur liste peut facilement s'étirer à une quarantaine de critères. Être sélectif est bien, mais avoir trop de critères peut nous rendre confus et retarder indéfiniment notre choix. Retournons à la source : qu'est-ce que la Bible dit sur le sujet?

Dans le contexte historique où a été écrite la Bible, les mariages étaient arrangés. La jeune femme, tout comme le jeune homme, n'avait pas le luxe de rédiger une liste de critères exhaustive. Les bons pères devaient certainement tenir en compte un peu le goût de leurs enfants, mais ce sont les pères qui formaient une liste de critères.

Quels étaient ces critères? L'exemple le plus clair est celui d'Abraham, à la recherche d'une épouse pour son fils Isaac (Genèse 24). Le moment venu, il a envoyé son serviteur chercher une épouse avec un seul critère : qu'elle soit issue de son peuple, et non pas des Cananéens. Bref, une femme qui partage la même foi.

Le serviteur est donc parti avec cette directive, et il a ajouté d'autres critères. « Que la jeune fille à laquelle je dirai : Penche ta cruche, je te prie, pour que je boive, et qui répondra : Bois, et je donnerai aussi à boire à tes chameaux, soit celle que tu as destinée à ton serviteur Isaac! Et par là je connaîtrai que tu uses de bonté envers mon seigneur » (Genèse 24.14). Pour le serviteur, il était nécessaire qu'elle soit dévouée et travaillante, et qu'elle le prouve. Donner à boire à dix chameaux était toute une corvée!

Notez que le serviteur n'a pas demandé pour une blonde ou brunette. Il n'a pas fait mention de son poids, de ses passe-temps ou de son compte de banque. Elle devait seulement être de la même foi, dévouée et travaillante. Dans le contexte de colonisation où Isaac vivait, c'était effectivement des atouts essentiels pour survivre et être une aide précieuse. Aujourd'hui, nos pères n'arrangent plus les mariages, mais cette histoire est un bon exemple à suivre.

Tout comme Abraham, notre premier critère devrait être de partager la même foi (2 Corinthiens 6.14), comme nous venons de le voir un peu plus haut. La foi construit notre famille et dicte nos standards. Si vous ne partagez pas la même foi, la fondation de votre foyer sera continuellement ébranlée.

Ensuite, nous pouvons ajouter 2 ou 3 critères essentiels pour nous, comme le serviteur d'Abraham a fait. Ce sont des critères qui vous permettent d'être compatibles au plus profond de votre personnalité, de vos passions et vos rêves. Par exemple, si vous êtes un athlète, qui participe à un sport compétitif, vous serez mal à l'aise avec quelqu'un de sédentaire. Une si grande dichotomie entre les deux personnalités causera maintes tensions et incompréhensions. Ou encore, une personne très inquiète dans ses finances sera malheureuse avec quelqu'un de très libéral. Quels sont les 2-3 points qui font de vous ce que vous êtes, qui forment le cœur de votre personnalité? Vous trouverez ainsi les critères essentiels à ajouter sur votre liste.

Et c'est tout. La foi et 2 ou 3 critères essentiels. Les traits physiques changent avec le temps, les émotions guérissent et prennent de la maturité, les activités évoluent selon les saisons de notre vie, particulièrement à l'arrivée des enfants! Vous pouvez inclure d'autres critères d'après vos propres goûts, comme une liste de bonus, mais évitez d'en faire des critères non négociables. Si le célibataire que vous rencontrez partage votre foi et vos passions, vous avez alors une bonne base pour bâtir une nouvelle vie.

En résumé...

Si vous savez que l'âme sœur n'existe pas et que l'amour est davantage qu'une émotion; si vous ne souhaitez pas seulement un partenaire financier ou une personne de belle apparence, il ne vous reste qu'à réviser votre liste de critères. Si c'est déjà fait, et que vous cherchez toujours un amoureux, lisez le prochain chapitre!

CHAPITRE 06
LA VRAIE MISSION

Certains célibataires sont plus motivés que d'autres. Dans nos années de service auprès d'eux, mon mari et moi avons souvent eu à calmer les ardeurs de quelques-uns! Je me souviens d'une femme qui est venue me voir avec une idée formidable, disait-elle, pour trouver un partenaire. Elle était le type de personne à dénicher des solutions à tous les problèmes de la vie. Une belle qualité qui l'amenait à être très ingénieuse surtout lorsqu'elle avait des buts financiers. Mais ses méthodes radicales devenaient discutables dans le contexte des fréquentations. Son idée de génie : faire porter des macarons à tous les célibataires de l'église (avec leur nom et numéro de téléphone, bien sûr!), pour pouvoir bien les identifier et ainsi rencontrer rapidement un amoureux. Oui, oui, elle était sérieuse.

Dieu nous demande de faire quelques pas, lorsque nous voulons nous marier. Nous ne pouvons pas rester dans notre chambre à attendre que notre prétendant se présente à notre porte avec une bague. Mais il y a tout de même une limite à nos actions. Le célibat est un défi qui ne dépend pas que de vous, comme c'est le cas d'un projet financier, par exemple. Vous pouvez faire plusieurs démarches, mettre beaucoup d'efforts dans vos recherches, mais vous n'êtes pas maître du résultat : une autre personne doit bien sûr répondre! Mieux vaut donc tempérer votre enthousiasme.

De plus, un célibataire trop décidé à changer son statut social peut avoir l'air obsédé par sa quête et cela produit l'effet inverse! Il est donc important de toujours en discuter avec Dieu, car Il est vraiment excellent à nous apporter un juste équilibre entre nos désirs et nos besoins.

Vous n'êtes pas ce monde, ne l'oubliez pas!

Inutile pour notre ennemi de nous envoyer une légion de démons pour nous tourmenter ou nous rendre misérables. Une de ses meilleures tactiques : détourner nos yeux de l'invisible vers ce qui est visible. Nous vivons dans le monde, une société qui laisse croire qu'une personne célibataire a un problème. Que nous devrions tous travailler fort pour acheter une belle voiture et une maison, et accumuler assez d'économies pour passer notre retraite sur une plage.

Tout cela, ce sont les préoccupations des temps modernes. Nous, chrétiens, nous devons nous rappeler que notre vie s'étend bien au-delà de notre vie physique; nous passerons la majeure partie de notre éternité

La vraie mission

au ciel, à louer notre Seigneur. Si nous sommes sur Terre pour un infime moment dans notre existence, c'est pour une mission bien particulière. Si nous nous laissons envahir par les choses du quotidien, nous allons oublier notre mission, notre vraie nature, et nous serons sous la domination de l'inquiétude et de l'insatiabilité. « Mais en qui les soucis du siècle, la séduction des richesses et l'invasion des autres convoitises étouffent la parole, et la rendent infructueuse » (Marc 4.19).

Célibataires, si nous considérons seulement notre statut social, si nous nous comparons aux images de ce monde, nous serons misérables. Mais si nous songeons à notre mission, à notre nature et à Christ, si nous regardons à l'invisible, les tourments liés à notre statut social partiront du même coup. « Un poids éternel de gloire, parce que nous regardons, non point aux choses visibles, mais à celles qui sont invisibles; car les choses visibles sont passagères, et les invisibles sont éternelles » (2 Corinthiens 4.18).

Votre vie est bien plus grande que tout ce qui se passe sur Terre. Votre destinée n'est pas de vous marier, d'avoir des enfants, une bonne profession, une maison, etc. Votre destinée dépasse les frontières du monde et de ses standards. Vous n'avez pas à vous conformer aux dictats d'ici, ou même vous soumettre aux lois naturelles : Dieu peut agir en vous et par vous de façon surnaturelle.

Le mariage... une distraction?

Paul avait bien compris ce combat du célibataire. « Je dis cela dans votre intérêt; ce n'est pas pour vous prendre au piège, c'est pour vous porter à ce qui est bienséant et propre à vous attacher au Seigneur sans distraction » (1 Corinthiens 7.35). L'apôtre espérait que les célibataires cherchent avant toutes choses à s'attacher au Seigneur sans distraction. Puisqu'il parlait dans ce chapitre du mariage, il indique clairement que le désir de se marier peut être une distraction inutile pour un chrétien.

Il faut bien sûr se remettre dans le contexte historique dans lequel cette lettre aux Corinthiens a été écrite. Le verset 26 nous donne un aperçu de cela. « Voici donc ce que j'estime bon, à cause des temps difficiles qui s'approchent : il est bon à un homme d'être ainsi. » Les premiers chrétiens étaient fréquemment persécutés pour leur foi. Ils pouvaient être arrêtés à tout moment et être emprisonnés ou bien pire. Puisque Paul sentait que des temps difficiles s'approchaient, l'apôtre encourageait les disciples à ne pas se marier. Être l'épouse d'un condamné à mort était très dangereux, dans plusieurs cas, la femme et les enfants d'un chrétien étaient tous massacrés. Dans ce contexte historique, il était effectivement plus sage de demeurer non marié.

Par contre, il savait que ce n'était pas donné à tout le monde de rester célibataire. « Je voudrais que tous les hommes fussent comme moi; mais chacun tient de Dieu un don particulier, l'un d'une manière, l'autre d'une autre » (1 Corinthiens 7.7). Même Jésus considérait le désir de rester célibataire comme un don spécial, comme nous l'avons expliqué au début de ce livre. Il est donc bien légitime de vouloir se marier. Mais l'avertissement de l'apôtre Paul devrait tout de même être estimé, dans une certaine mesure. Est-ce que votre désir de vous marier est une distraction pour vous? C'est-à-dire, songez-vous davantage à votre futur couple qu'à l'appel que Dieu a mis sur votre vie?

Certains célibataires ont un très bon équilibre dans ce domaine. Il est tout à fait légitime d'avoir le désir de se marier et donc d'y penser de temps en temps. Si vous y rêvez quelques fois ici et là, et que vous disposez même d'un soir par semaine à vous rendre disponible ou à chercher un partenaire, c'est très bien. Ce temps pendant lequel vous vous investissez dans vos recherches se transformera plus tard en un temps de couple, ce qui sera très sain pour votre vie amoureuse.

Mais pour certains célibataires, ce désir de se marier devient une distraction qui doit être corrigée. Si vous passez plus de temps à penser aux noces qu'à prier, il y a un problème. Si toutes vos amies sont célibataires et parlent constamment de leurs quêtes, il pourrait être sage de vous faire d'autres amies qui vous encourageront plutôt à grandir dans votre foi. Si vous êtes triste en permanence parce que vous désespérez de rencontrer quelqu'un, encore là, vous êtes en train de laisser le mariage devenir une distraction nuisible à votre esprit. Si vous vous empêchez de servir le Seigneur, de chercher à entrer dans votre appel, parce que vous attendez d'être mariés, vous devez corriger cette attitude.

Servir Dieu, travailler à notre propre édification et à celle du Corps de Christ, ce sont là des tâches prioritaires dans notre vie. Nous serons toujours distraits par toutes sortes de désirs ou de soucis, comme nous l'avons dit plus haut. Jésus compare les distractions à des épines qui viennent étouffer la semence, soit la Parole de Dieu. Si vous laissez le désir de vous marier devenir une distraction, votre croissance spirituelle cessera, mettant même votre foi en péril.

Oui, mais je veux des enfants! Vite!

La Bible est claire : le lit conjugal, où deux partenaires ont des relations sexuelles, est réservé aux couples mariés (Hébreux 13.4). L'homme quittera son père et sa mère, s'attachera à sa femme, et ensuite, ils feront une seule chair (Genèse 2.24). Le sexe vient toujours après le mariage, selon la Bible. Donc, pas de mariage, pas de sexe... pas d'enfant?

La vraie mission

Selon l'ordre biblique des choses, une personne célibataire ne devrait pas tomber enceinte. Même la psychologie moderne l'atteste, il est bien meilleur pour un enfant d'avoir un père et une mère. Mais que faire si vous avez vraiment le désir d'être parent et vous êtes seuls?

D'abord, ce que vous ne pouvez pas faire : avoir une aventure hors mariage dans le seul but d'avoir un bébé. Puisque c'est hors mariage, c'est donc hors de la volonté de Dieu.

Le seul moyen qui semble acceptable, dans la Parole, pour qu'un célibataire devienne parent, c'est par la voie de l'adoption. Si le besoin d'élever un enfant est plus prenant que tout, vous pouvez en adopter un. Mais sachez-le, les célibataires monoparentaux ont davantage de difficulté à se trouver un partenaire. En adoptant un enfant, vous allez satisfaire votre désir de parentalité, mais vous risquez de ne pas vous marier. À vous de voir ce qui est le plus important pour vous.

Notez bien ceci : une personne seule n'a pas besoin d'avoir des enfants biologiques pour exercer son talent parental. Vous pouvez très bien vous investir dans la vie de l'enfant... d'une autre personne! En créole, le mot « marraine » se traduit par « co-mère ». Voilà une façon claire et pratique d'expliquer le rôle d'une marraine. Elle est une sorte de maman, la coéquipière de la mère biologique. Une marraine peut donner du répit à la mère biologique en prenant soin de l'enfant, en le chouchoutant, en lui enseignant, et bien plus. Il en va de même pour le parrain.

Vous pouvez avoir un impact majeur et positif dans la vie d'un enfant même s'il ne portera jamais votre nom. N'est-ce pas là le but le plus noble de la parentalité : donner à un enfant et le faire grandir en grâce et en sagesse? Au lieu de vous décourager, lorsque votre horloge biologique se met à sonner, tournez-vous vers vos neveux, nièces, ou vers des enfants de parents débordés, et offrez-leur tout votre amour parental. Tout le monde y gagnera!

Changer d'église pour trouver l'amour?

Votre église est toute petite et il n'y a aucun des célibataires présents qui vous intéressent? Elle est peut-être grande, mais vous n'avez tout de même pas trouvé chaussure à votre pied. Devriez-vous changer d'église pour multiplier vos possibilités? La réponse est simple : non! Si vous participez à une assemblée dans le but d'y rencontrer un partenaire de vie, c'est que vous y allez pour la mauvaise raison. Changer d'église pour chercher un amoureux est non-recommandé.

Lorsque nous devons choisir une église, nous devons d'abord considérer la fondation de celle-ci (Éphésiens 2.20). Élève-t-elle le nom de Jésus? Qui est la figure la plus importante : Christ ou le « pasteur »? Est-ce que les messages sont bâtis sur des passages bibliques ou sur des philosophies (Col. 2.8)? Et s'ils sont basés sur la Bible, l'enseignant utilise-t-il des versets hors contexte ou livre-t-il exactement ce que la Bible prescrit, sans diluer la vérité?

Ensuite, regardez la hiérarchie de l'organisation. Est-elle inspirée de celle de la première église (Actes 15.4)? Quels sont les objectifs des autorités ecclésiastiques: êtes-vous d'accord avec leur direction, avec la manière dont ils investissent leurs finances (Galates 2.10)? Puis la communauté de fidèles : vous y sentez-vous à l'aise, seriez-vous prêts à développer des amitiés à cet endroit? Sont-ils en unité avec leurs autorités (Hébreux 13.17)? Tout cela en vous rappelant que la perfection n'existe pas!

Enfin, vous devez vous regarder vous-mêmes. « Est-ce que je me vois servir dans cette église? Y a-t-il un besoin que j'aurais à cœur de rencontrer? » Car nous n'allons pas à l'église pour nous asseoir et recevoir. Une église locale est l'extension de notre famille. C'est l'endroit où nous investissons notre temps, nos talents et notre argent pour faire avancer le Royaume de Dieu (Hébreux 6.10). Nous participons à notre assemblée pour grandir spirituellement. Or, la croissance ne vient pas seulement de ce que nous entendons, mais de ce que nous mettons en pratique (Matthieu 7.24). Vous apprendrez bien plus sur Christ et le caractère d'une personne remplit de l'Esprit en servant les autres qu'en étant assis sagement dans votre siège.

Voilà pourquoi nous allons à l'église. Pour faire avancer le Royaume de Dieu. C'est là où nous serons formés, brisés et reconstruits proprement. D'après les statistiques que nous avons compilées, seulement 10 % des couples mariés se rencontrent dans leur église locale. Il y a certainement plusieurs avantages à trouver notre tendre moitié dans la même assemblée, mais notre appartenance à une église locale ne devrait jamais être pour se marier.

« Comment vais-je rencontrer l'amour de ma vie alors? », demanderont certains. Dieu a mille moyens de répondre à votre prière, consulte-le! Relisez le chapitre où nous vous donnons plusieurs avenues à explorer. Dieu est le Créateur de l'Univers! Il connaît tout et Il a beaucoup d'idées! Faites-lui confiance et obéissez-lui lorsqu'Il vous conduit quelque part.

Attention à votre profil sur les médias sociaux

Il y a plusieurs années, lorsqu'un homme commençait à s'intéresser à une femme, il gardait une certaine distance et parlait aux collègues ou amies de la femme pour en apprendre davantage sur elle. Aujourd'hui, au lieu de faire le tour de son entourage, il ira fort probablement consulter sa page Facebook. C'est encore plus discret, et tout aussi instructif. Qu'est-ce que votre profil enseigne sur vous?

Si une jeune femme partage tous les articles qu'elle peut trouver sur le mariage, qu'elle « aime » un billet décrivant les « cinq qualités d'un bon époux », qu'elle commente un gros « amen! » sous une « prophétie » que les célibataires rencontreront leur mari dans le prochain mois; qu'est-ce que cela indique à un homme célibataire? Qu'elle commencera probablement à planifier les noces au premier sourire! Un profil comme celui-là risque d'en repousser plusieurs, parce que tout ce qu'elle publie démontre qu'elle est désespérée à se marier ou qu'elle veut un mari parfait. Partager des paroles d'encouragement vers une vie à deux est légitime, mais s'il n'y a que cela sur votre mur, c'est mauvais signe!

Un homme mature est venu nous rencontrer, mon mari et moi, pour nous dire qu'il cherchait une femme chrétienne, avec de « bonnes valeurs » et un feu brûlant pour Dieu. Il avait des enfants d'un mariage précédent, et il espérait que cette nouvelle femme serait maternelle. De beaux critères qui démontrent qu'il est lui-même un homme selon le cœur de Dieu? Pas si sûr! Sur un de ses profils, il affichait fièrement des photos de lui avec de jeunes filles très légèrement vêtues, et des blagues à caractère sexuel.

Aucune femme de Dieu n'oserait s'approcher d'un tel homme.

Si vous désirez une femme de Dieu, ou un futur pasteur, considérez votre profil. Est-il celui de l'époux d'une femme de Dieu, ou de l'épouse d'un pasteur? En regardant votre mur, avec quel type de partenaire risquez-vous de vous retrouver? Si vous voulez un mariage sanctifié et oint de Dieu, cela doit commencer par votre propre vie, et votre empreinte électronique doit refléter qui vous êtes vraiment.

Enfin, rien ne vous oblige à avoir un compte Facebook, Twitter, Instagram, etc. Mais comme ces outils font partie de la vie de plusieurs personnes, si vous n'en avez pas, votre absence sera vue comme un comportement suspect. Soit vous êtes pourris en informatique, soit vous avez quelque chose à cacher. Ce n'est pas grave, un célibataire qui s'intéresse vraiment à vous utilisera d'autres moyens pour vous connaître, mais vous aurez certainement à expliquer votre choix.

Bref, votre empreinte électronique en dit long sur vous, alors faites bien attention à ce que vous affichez. Prenez le temps de vous analyser en regardant vos photos et ce que vous encouragez : peut-être y trouverez-vous un comportement à changer, ou des habitudes à améliorer.

La bonne attitude à adopter

Un gros décolleté ou une fortune importante va sûrement attirer les regards, mais peut-être pas dans la bonne direction. Qu'est-ce qu'un chrétien doit faire pour attirer autant l'attention de Dieu que d'un « bon parti »? Pour trouver la réponse à cette question, il faut retourner aussi loin qu'Abraham. Dans Genèse 12.3, Dieu lui fait cette promesse : « Je bénirai ceux qui te béniront, et je maudirai ceux qui te maudiront; et toutes les familles de la terre seront bénies en toi. » Le plan de Dieu pour ses enfants a toujours été que nous soyons une bénédiction. Oui, nous serons bénis, mais nous avons aussi été appelés à être une bénédiction.

Nous avons tous des besoins. Nous voulons être aimés, discuter de tout, être pris en soin. Les gens sans Dieu doivent dépendre sur un « bras de chair », sur un autre humain, pour être rencontrés dans leurs besoins. Mais dépendre des autres mène toujours à des problèmes. C'est une malédiction selon Jérémie 17.5-8. Se confier en l'homme nous pousse souvent à nous conformer, à tenter de ressembler aux autres pour obtenir leur approbation. Et bien sûr, ce n'est pas le plan de Dieu pour nous, comme le dit Romains 12.1.

Ce que Dieu désire c'est de pourvoir lui-même à tous nos besoins. C'est ce que Paul a déclaré dans Philippiens 4.19. « Et mon Dieu pourvoira à tous vos besoins selon sa richesse, avec gloire, en Jésus Christ. » Évidemment, nous devons remettre ce verset dans son contexte. Paul dit ici que Dieu pourvoira à tous les besoins des Philippiens, ceux qui sont les récepteurs de la lettre. Pourquoi eux? Parce qu'ils ont d'abord été très généreux envers Paul. « Vous fûtes les seuls à le faire, car vous m'envoyâtes déjà à Thessalonique, et à deux reprises, de quoi pourvoir à mes besoins » (Philippiens 4.16). Dieu désire que nous soyons une bénédiction pour les autres. Ce faisant, nous demeurons dans son plan, et dans sa présence se trouve tout ce dont nous avons besoin.

Dans le monde, nous recevons et ensuite nous donnons. Pensez juste aux bébés. Quand ils naissent, ils passent plusieurs mois (années!) à ne faire que recevoir. En grandissant, ils apprennent tranquillement à donner. Mais avec Dieu, c'est le contraire. Dieu veut que nous commencions par donner. « Donnez, et il vous sera donné : on versera dans votre sein une bonne mesure, serrée, secouée et qui déborde; car on vous mesurera avec la mesure dont vous vous serez servis » (Luc 6.38).

Quel est le rapport avec le célibat? « Je veux un mari, je n'en ai pas, je suis supposée donner quoi? », direz-vous. Eh bien, pensez-y : pourquoi cherchez-vous un partenaire?

- Pour avoir quelqu'un à qui parler? Dieu peut combler ce besoin-là, et sur un mode conversation, c'est-à-dire qu'Il vous écoute et Il veut vous parler.

• Pour recevoir de l'affection? Vous pouvez être si près de Dieu que vous sentirez son appui et son étreinte. Mais vous pouvez aussi recevoir votre affection par vos frères et sœurs en Jésus!

• Pour être protégés? Être complimentés? Être soutenus financièrement? Dieu peut tout faire cela!

• Pour du sexe? Ah ça, effectivement, Dieu ne peut pas vous donner du sexe. Le désir sexuel est charnel et Dieu n'est pas charnel. Mais vous savez, ce n'est pas un besoin… c'est un simple désir. Dieu n'est pas contre l'idée de satisfaire ce désir, mais cela doit rester dans les liens du mariage.

Si Dieu nous comble en tout, nous devenons une personne attirante, facile à vivre. Qui ne veut pas d'une partenaire qui est une bénédiction et qui n'a pas besoin d'être encouragée constamment? Le plan de Dieu pour son peuple a toujours été que nous soyons une bénédiction pour les autres; que nous soyons tellement satisfaits par Lui, que nous débordons de bonheur tout autour (Psaumes 23.5, Jean 10.10).

En résumé…

Chercher un partenaire c'est bien, mais il ne faut pas en faire une obsession. Ce n'est pas parce que tous vos amis sont déjà mariés que vous devez changer votre statut au plus vite. Ce n'est pas parce que vous avez envie d'être parent que vous devez faire des enfants! Si vous allez à l'église pour les bonnes raisons et que vos profils sur les médias sociaux dépeignent une personne « spirituellement » attirante, continuez! Si vous sentez que vous avez un bon équilibre dans ce domaine, passez au chapitre suivant!

CHAPITRE 07
UN BON CANDIDAT POUR LE MARIAGE

Quand j'étais petite et que je cuisinais un repas délicieux ou que je nettoyais bien la maison, ma grand-mère me disait : « Ah, tu es bonne à marier! » Pour elle, une bonne épouse était celle qui prenait soin du logis et de sa famille. Elle avait raison et cette responsabilité est bien sûr partagée entre les deux partenaires. En fait, pour être « bon à marier », il faut d'abord être prêt à servir l'autre.

Se marier pour donner

« J'ai hâte que Dieu me donne mon mari (ou ma femme) », disent plusieurs célibataires chrétiens. D'autres personnes les encouragent même en précisant : « Ça s'en vient : Dieu est en train de t'en préparer un bon (ou une bonne). » Ce sont de belles phrases, qui ont l'air bien spirituelles, mais à bien y penser, elles sont plutôt égoïstes!

C'est vrai que Dieu connaît tout le monde, et Il sait très bien avec quel type de personnes nous avons davantage d'affinités. Dans son grand amour, Il multiplie les occasions pour nous mettre en contact avec elles. Certaines deviendront de bonnes amies, d'autres des mentors et d'autres : un époux ou une épouse. Mais l'idée que Dieu « nous » donnera un mari ou une femme est plutôt égoïste. C'est se placer au centre de l'univers que de croire que cette personne sera un ajout à « notre » vie.

Suivant cette logique, certains célibataires dressent une liste de critères que cet être spécial devrait avoir. Et la liste peut être longue! Or, lorsque nous énumérons ce que « nous » désirons chez l'autre, c'est encore d'un point de vue centré sur soi. « Voici ce que je désire… » C'est bien de savoir ce qui nous plaît, mais dans le mariage, nous devons être davantage prêts à donner qu'à recevoir.

Nous ne devons pas nous marier, ou même y rêver, dans le but de satisfaire nos propres désirs. Une telle attitude vient empoisonner une relation. Nous devons nous engager à rendre l'autre personne heureuse. Nous serons au service l'un de l'autre, pour toujours. Nous mettrons en pratique le principe biblique (et physique) de la semence et la récolte, ou encore, ce que Luc 6.38 recommande : « Donnez, et il vous sera donné : on versera dans votre sein une bonne mesure, serrée, secouée et qui déborde; car on vous mesurera avec la mesure dont vous vous serez servis ».

Alors, au lieu de réclamer à Dieu un partenaire, il est préférable de demander à Dieu de nous guider vers la personne que nous servirons le reste de nos jours. Oui, c'est un peu moins romantique, mais c'est davantage biblique.

Au lieu de faire une liste de critères de l'être que vous aimeriez « recevoir » de Dieu, écrivez quelles sont vos forces, ce que vous, vous avez à offrir. Allez-y, faites l'exercice! Réfléchissez au type de partenaire que vous seriez prêts à servir pour le reste de vos jours; votre liste de critères sera probablement bien différente! Vous trouverez certainement plusieurs points à améliorer de votre côté pour être un meilleur match potentiel. C'est une question de cible. Qui est au centre de votre désir d'être en couple? Cherchez-vous à être servis, ou à servir?

Ce qui nous empêche de servir : l'orgueil

« Moi, un gars qui ne m'apporte pas des fleurs, excuse-moi, mais c'est non! », dit-elle en faisant un petit geste de la main comme une diva. « C'est à lui de me courir après, et de me prouver qu'il est digne de moi. » Des paroles qui attirent généralement des fous rires de la part des amies de celle qui les prononce. En tant que responsables de Passion374, mon mari et moi avons vu ce type de comportement surtout chez de jeunes femmes, mais des hommes aussi peuvent l'afficher d'une autre manière.

Les femmes de nos jours préfèrent souvent s'associer aux images des héroïnes avec des super-pouvoirs, ou des femmes d'affaires impitoyables qui démontrent une certaine forme de succès. Elles savent ce qu'elles veulent, elles s'abstiennent d'afficher leurs faiblesses et elles sont prêtes à abattre les murs pour accomplir leurs buts. En réaction à cela, certains hommes prennent des attitudes machistes. D'autres deviennent intransigeants et n'hésitent pas à dire : « Tu ne me diras pas quoi faire! » D'autres profitent de toutes les opportunités qui se présentent à eux pour retirer ce dont ils ont besoin ou ce qu'ils désirent, sans réfléchir aux sentiments des autres.

Ce comportement est parfois considéré comme positif. Nous admirons même ces requins ou ces divas, et nous en faisons des modèles à suivre. Pourtant, nous sommes ici très loin de l'exemple de Christ. Tout ce qui cherche à élever notre propre nature, tous ces égo-portraits et ces listes interminables de demandes, sont tous liés à l'orgueil. Or, n'oubliez pas que c'est ce péché qui a chassé Lucifer du ciel!

La lettre que Paul a écrite aux Romains s'applique aussi très bien aux chrétiens de notre époque. « Ne vous conformez pas au siècle présent, mais soyez transformés par le renouvellement de l'intelligence, afin que vous discerniez quelle est la volonté de Dieu, ce qui est bon, agréable et parfait » (Romains 12.2). Les enfants de Dieu doivent éviter d'adopter la même attitude égocentriste du siècle présent. Surtout lorsqu'il est question de relations.

Comme nous l'avons dit plus haut, beaucoup de célibataires le sont parce qu'ils ont une mauvaise vision des relations de couple selon Dieu. « L'Éternel dit : Il n'est pas bon que l'homme soit seul; je lui ferai une aide semblable à lui » (Genèse 2.18). Si la femme cherchait un homme avec l'approche : « Qui est celui que j'aimerais aider tous les jours de ma vie? », les résultats seraient bien différents. « Car jamais personne n'a haï sa propre chair; mais il la nourrit et en prend soin, comme Christ le fait pour l'Église » (Éphésiens 5.29). Si l'homme cherchait une femme avec l'attitude : « Qui est celle que je prendrai soin tous les jours de ma vie, comme Christ le fait pour l'Église? », les résultats seraient bien différents.

L'orgueil nous empêche de prendre la position de serviteur dans nos relations. « Ne faites rien par esprit de parti ou par vaine gloire, mais que l'humilité vous fasse regarder les autres comme étant au-dessus de vous-mêmes » (Philippiens 2.3). Si nous souhaitons que nos mariages représentent l'union de Christ et son Église, il ne peut pas y avoir de place pour l'orgueil. Lorsque nous sommes célibataires et que nous cherchons un partenaire, il nous faut déjà prendre cette attitude.

Cela ne signifie pas d'être des pantins, sans opinion et sans désirs. Dieu nous a créés à son image, avec autorité et intelligence. Mais lorsque nous voulons entrer dans les liens du mariage, nous devons prendre une position de serviteur l'un envers l'autre, c'est-à-dire que nos besoins passent après ceux de l'autre. Et si les deux partenaires s'engagent à cela, devant Dieu, tous les besoins seront satisfaits.

L'attitude égocentrique de notre époque est à l'opposé de l'humilité que Christ nous demande d'avoir. Cela est néfaste pour les relations de couple, mais aussi pour la poursuite de notre appel. Dieu a donné à chacun des talents particuliers pour accomplir une mission personnelle dans le but de faire grandir le Royaume de Dieu. Or, pour entrer dans cet appel, il nous faut également prendre la position de serviteur. Ce n'est pas un trait de caractère très « glamour », mais c'est ce que Jésus a fait pour nous, en mourant sur la croix.

Servir, mais sans s'oublier

« Car toute la loi est accomplie dans une seule parole, dans celle-ci : tu aimeras ton prochain comme toi-même » (Galates 5.14). Un verset bien logique, car si nous aimons notre prochain, nous ne le tuerons pas, nous ne le volerons pas, etc. Jésus n'a pas aboli les 10 commandements, Il les a simplifiés à deux seuls : aimer Dieu de tout notre être, ainsi que notre prochain. La clé du succès dans toutes relations, incluant celles amoureuses, c'est donc d'aimer Dieu par-dessus tout, et d'aimer l'autre.

Matthieu ajoute une nuance importante. « Jésus lui répondit : Tu aimeras le Seigneur, ton Dieu, de tout ton cœur, de toute ton âme, et de toute ta pensée. C'est le premier et le plus grand commandement. Et voici le second, qui lui est semblable : Tu aimeras ton prochain comme toi-même. De ces deux commandements dépendent toute la loi et les prophètes » (Matthieu 22.37-40). Aimer l'autre... comme soi-même.

Pour certaines personnes, cela signifie qu'elles ne doivent pas exiger de leur prochain plus que ce qu'elles font elles-mêmes. C'est de garder une attitude sans orgueil et être prêt à servir, comme nous venons de le dire plus haut.

Or, pour d'autres, le verset Matthieu 22.39 doit les forcer dans une direction différente. Certaines personnes aiment prendre soin des gens, les servir, les élever et leur faire plaisir. Elles n'hésitent pas à donner des heures et des heures pour aider les autres, si bien, qu'elles s'oublient elles-mêmes. Si vous ne prenez pas soin de vous, que vous ne vous accordez pas du temps pour vous faire plaisir, pour développer votre créativité et investir dans votre santé, vous ne pourrez pas vous occuper de votre prochain très longtemps. Vous devez vous aimer vous-mêmes autant que vous aimez les autres.

Une fois en couple, si vous avez l'attitude de serviteur très (trop) développée, il sera facile de trouver toujours quelque chose à faire pour rendre votre demeure accueillante et faire plaisir à tous les membres de votre famille. Mais vous devrez aussi prévoir prendre des temps pour vous, sinon, vous allez vous perdre. À s'oublier constamment, nous disparaissons, et ce n'est pas ce que Jésus veut. Il est mort pour que vous ayez la vie; alors, vivez-la! Il vous aime d'un amour inconditionnel; adoptez la même attitude envers votre propre personne.

Cela commence pendant que vous êtes célibataires. Planifiez-vous une soirée par semaine pour vous dorloter, pour jouer, pour développer votre créativité. Vous serez ainsi une personne plus équilibrée, à l'énergie plus stable. Suivez le conseil de Jésus : aimez Dieu de toutes les fibres de votre corps, aimez les autres, mais aussi, aimez-vous vous-mêmes.

Bâtir notre estime

Nous croyons parfois que nous serions plus attirants si nous étions un peu plus beaux ou un peu plus drôles, plus jeunes ou moins enrobés (et la liste est infinie). Ces pensées nous laissent déçus de nous-mêmes et peuvent facilement nous mener au découragement. Il est donc primordial lorsque nous sommes célibataires de bien construire notre estime sur ce qui est immuable : Christ. Notre statut social ne doit pas dicter notre amour de soi. Même si nous ne sommes pas « en amour », cela ne signifie pas que nous ne sommes pas aimés, ou que nous ne sommes pas aimables! Même si personne n'a remarqué que nous sommes une perle rare, cela ne signifie pas que nous n'avons pas de valeur!

« Pour vous, bien-aimés, vous édifiant vous-mêmes sur votre très sainte foi, et priant par le Saint Esprit » (Jude 1.20). Le mot « édifiant » vient du grec « epoikodomountes », qui est mieux traduit par la notion de construction. Jude encourageait les premiers disciples de se bâtir eux-mêmes sur leur foi. Il parlait probablement ici de construire notre passion, notre ferveur, nos convictions, mais aussi tout ce qui touche à notre âme. Ce n'est pas Dieu qui édifie notre estime, c'est une de nos responsabilités. Ce n'est pas aux autres de bâtir notre estime; ce ne sont pas nos relations qui devraient la définir. Nous devons nous construire sur notre foi : de corps, d'âme et d'esprit.

Se construire soi-même devrait être une priorité. Nous sommes le Temple du Saint-Esprit, et nous devons entretenir ce « bâtiment », continuer à le construire, à tous les jours par la prière et l'étude de la Bible. Même si nous devrions le faire tout simplement par passion pour Christ, bâtir notre estime est aussi très pratique pour de futures relations amoureuses. Les personnes qui ont confiance en elles-mêmes sont beaucoup plus attirantes que celles qui correspondent aux critères de beauté des magazines, mais qui ont une mauvaise estime d'elles-mêmes.

Rien d'étonnant : si un homme commence à fréquenter une femme qui a peu d'estime d'elle-même, il passera son temps à devoir lui donner des compliments pour la sortir de l'apitoiement. Vivre avec quelqu'un qui se rabaisse continuellement, qui ne se fait pas confiance, est très lourd à porter. Avoir une bonne estime de soi nous rend beaucoup plus agréables à fréquenter.

Comment bâtir notre estime sur notre foi? En lisant, étudiant et acceptant ce que Dieu dit de nous. Oui, nous étions pécheurs, sans but, sans espérance avant de donner notre vie à Christ. Mais une fois qu'Il nous a sauvés, et que nous avons fait de lui notre Seigneur, nous sommes devenus enfants de Dieu, héritiers de toutes les promesses, des prêtres, des saints, des ambassadeurs, et plus encore!

Il y aura toujours des moments où l'ennemi utilisera notre célibat pour nous abattre. Mais dans ces instants tristes où vous doutez de votre valeur, regardez à la croix. Dieu n'a pas envoyé son Fils unique mourir dans des douleurs atroces pour un petit ver de terre. Vous avez beaucoup de prix à ses yeux. Construisez-vous sur votre foi.

Développer plus de confiance en soi

Le manque de confiance en soi a plusieurs conséquences. La plus évidente est la gêne, qui est un frein puissant pour les célibataires, mais qui peut aussi nous empêcher d'avancer professionnellement et dans notre ministère pour Christ. C'était le cas de Timothée. Il avait reçu l'appel de Dieu, mais il était jeune et il manquait de confiance en lui-même. Paul a dû l'encourager à plusieurs reprises à prendre sa place comme leader de son église. « Car ce n'est pas un esprit de timidité que Dieu nous a donné, mais un esprit de force, d'amour et de sagesse » (2 Timothée 1.7).

Une autre conséquence du manque de confiance est la difficulté à accepter les critiques ou les commentaires négatifs. Lorsque nous avons peur de faire des erreurs, c'est souvent parce que nous craignons d'être corrigés. Or, Jésus nous a dit que pour entrer dans le Royaume de Dieu, nous devons être comme des enfants (Matthieu 18.3). Les enfants font constamment toutes sortes d'erreurs, nous devons toujours les corriger, mais c'est comme cela qu'ils apprennent et grandissent. C'est la même attitude que Dieu nous demande d'avoir. Il ne cherche pas des superhéros; Il est celui qui détient toute la puissance. Il veut des enfants qui sont prêts à apprendre à être comme leur Père. Il est le potier et nous sommes son argile (Romains 9.21).

Évidemment, si nous avons reçu de mauvaises corrections, il est normal d'avoir peur d'être corrigé. Une mauvaise correction est lorsque nous dégradons une personne entière au lieu de traiter seulement son erreur. « J'ai fait une erreur, mais je ne suis pas une erreur », devrions-nous rappeler. Toutes sortes de blessures du passé (rejet, abandon, injustice, violence, et bien d'autres), peuvent influencer aussi notre confiance en soi. Pour être guéris, nous devons apporter ces blessures à la croix, recevoir le pardon de Dieu et ensuite le donner à ceux qui nous ont offensés.

Par contre, il existe une blessure qui ne doit pas être guérie : celle faite à notre orgueil! Étonnement, lorsque notre orgueil est blessé, nous pouvons développer les mêmes symptômes qu'une personne dont l'estime de soi est meurtrie. Lorsque notre orgueil est blessé, nous pouvons être tentés d'éviter d'autres situations où nous pourrions perdre la face. Nous nous disons « timides », alors qu'au fond, nous avons seulement peur d'avoir l'air fous! Nous n'osons pas faire des pas professionnels ou ministériels parce que nous avons peur de nous tromper et de faire rire de nous.

L'orgueil, comme nous-mêmes, veut s'auto-protéger. Il se bat pour demeurer en vie et continuer à contrôler notre quotidien. Il essaie de nous convaincre de définir notre vie par cette image idyllique que nous aimerions être. Nous travaillons souvent très fort à maintenir cette image, alors qu'au fond, c'est purement de l'orgueil! Ce qui doit nous définir, c'est la Parole de Dieu, comme nous l'avons dit plus haut. Si nous ne sommes pas encore complètement à la ressemblance de Christ, nous devons changer, être transformés et corrigés!

Si vous êtes timides, prenez le temps d'évaluer d'où vient votre timidité. Si elle provient de blessures légitimes faites à votre estime personnelle, cherchez la guérison. Mais si elle vient de votre crainte de blesser votre orgueil, ne l'écoutez pas! Une bonne façon de développer de la confiance en soi, c'est de se pardonner nos erreurs. Pour cela, il faut laisser tomber notre orgueil, se donner le droit de faire des erreurs, et par conséquent, d'être corrigés.

Quand vous accepterez de faire des erreurs, vous ferez mourir votre orgueil. Vous recevrez les critiques positives et vous serez capables de vous pardonner. Seulement à ce moment-là, vous retrouverez la confiance en vous.

Accepter d'être vulnérable

Évidemment, personne ne veut souffrir. Après avoir vécu de grandes blessures à la suite de relations brisées, nous pourrions être tentés d'élever un mur autour de notre cœur pour le protéger. Cette méfiance est tout à fait normale. Il ne serait pas sage de dire à qui veut l'entendre tous nos secrets et de faire confiance à n'importe qui. Mais lorsque nous commençons à fréquenter une personne spéciale, nous devrons abandonner notre armure pour la laisser entrer dans notre cœur. Et cela peut être très difficile si notre mur est très épais.

C'était le cas de Tobi. Il avait vécu plusieurs blessures relationnelles et pour s'en protéger, il avait bâti un mur très épais autour de son cœur. C'était son armure. Il la portait depuis tellement longtemps qu'elle était devenue une deuxième peau pour lui. Mais dès le début de nos fréquentations, Tobi a rapidement compris qu'il n'arriverait pas à me laisser entrer dans son cœur s'il gardait cette armure. Dieu lui a d'ailleurs montré que cette armure empêchait même Dieu lui-même de venir faire le ménage de son cœur. Il a donc entrepris le pénible travail de baisser ses gardes.

« Mais je n'aurai plus aucune protection! Je serai vulnérable », a-t-il réalisé. C'est tout à fait vrai! Nous devons d'abord accepter ce fait pour commencer à nous libérer de notre armure. Cela ne signifie pas que nous serons soudainement ouverts avec tout le monde. Mais pour entrer en relation avec une personne spéciale, il faut accepter de s'ouvrir. C'est seulement en faisant cela que nous pouvons construire un lien significatif avec elle. Si nous gardons notre armure, il y aura toujours quelque chose entre nous deux.

Un bon candidat pour le mariage

De plus, la vie est plus facile sans une armure lourde et imposante. Certains célibataires ont entouré leur cœur d'un mur si épais que leur vie quotidienne est devenue pesante. Sortir du lit le matin est même difficile, alors imaginez des relations! Comment se libérer de cette armure? La première étape est de choisir de s'en débarrasser. Ensuite, allez-y petit à petit. N'essayez pas de vous défaire de votre armure d'un seul coup, du jour au lendemain. Si vos murs sont là depuis longtemps, bien collés à votre cœur, vous risquez de vous blesser si vous agissez trop dramatiquement.

Votre armure et les murs sont tous basés sur des émotions et des sentiments négatifs. Dieu a une façon très simple de traiter avec ces pensées négatives : par la louange, l'adoration et de reconnaissance. Rien de négatif ne peut demeurer, et encore moins croître, si vous êtes dans une attitude de louange et de reconnaissance. Ce sera certainement un grand changement dans votre façon de penser. Au réveil, commencez par dire merci à Dieu pour la nouvelle journée et les choses merveilleuses qu'Il sera en mesure de faire à travers vous. Inspirez-vous des Psaumes, comme le chapitre 59.17 ou 62.7. Tobi appréciait aussi Deutéronome 33.26-28 et 2 Samuel 22.2-4 lorsqu'il était dans l'étape de renoncer à son armure.

Une fois que vous aurez commencé à être reconnaissant à Dieu pour sa protection et son amour, vous serez du même coup disposé à lui faire confiance. David décrivait cet état dans le Psaumes 91.1-4 : « Celui qui demeure sous l'abri du Très Haut repose à l'ombre du Tout Puissant. Je dis à l'Éternel : Mon refuge et ma forteresse, Mon Dieu en qui je me confie! Car c'est lui qui te délivre du filet de l'oiseleur, de la peste et de ses ravages. Il te couvrira de ses plumes, et tu trouveras un refuge sous ses ailes; sa fidélité est un bouclier et une cuirasse. »

Notre rôle est de demeurer « sous l'abri du Très-Haut ». Nous ne pouvons pas seulement visiter cet endroit. Nous ne pouvons pas être une journée sous cet abri, et une autre journée en dehors. Nous avons besoin d'y habiter. En tant que résident du lieu secret divin, Dieu nous promet que Sa vérité sera comme « un bouclier et une cuirasse ». Dieu ne veut pas nous voir courir sans aucune protection, Il désire que nous prenions Son armure.

Paul nous donne une liste complète de l'armure de Dieu dans Éphésiens 6.10-17, et commence en nous rappelant que nous devons nous fortifier « dans le Seigneur et dans sa force toute-puissante ». Aux versets 11 et 12, Paul nous dit la raison pour laquelle Dieu nous a donné son armure : pour « tenir ferme contre les manœuvres du diable » et « contre les puissances, contre les autorités, contre les souverains de ce monde de ténèbres, contre les esprits du mal dans les lieux célestes ». Nous avons reçu l'habileté de combattre, et, malheureusement, au lieu de combattre le diable, nous avons tendance à nous battre entre nous. Notre armure émotionnelle nous sépare des autres, ces gens dont nous avons besoin dans nos vies pour nous soutenir. Or, notre combat est spirituel, nous devons donc enlever notre armure émotionnelle et la remplacer par notre armure spirituelle. C'est seulement lorsque notre armure spirituelle devient une seconde peau que nous pouvons dire que notre vieille armure émotionnelle est caduque.

Évidemment, tout cela est un cheminement. Pour ceux qui ont une armure plus épaisse, cela peut prendre plus de temps. Mais amorcez votre libération, vous serez plus légers et votre ouverture sera attirante.

Perdre du poids pour trouver l'amour

Je venais d'avoir 30 ans. J'étais en feu pour Dieu, très impliquée à mon église, bonne cuisinière, drôle, cultivée, avec une profession excitante. Mais j'étais encore célibataire. Une personne en autorité de mon église est venue me dire que Dieu lui avait montré en rêve que j'allais rencontrer un beau jeune homme si je perdais beaucoup de poids. J'avais alors quelques dizaines de kilos en trop. Non seulement ses paroles étaient très dures à entendre, mais elles ne venaient pas du tout de Dieu, contrairement à ce qu'elle prétendait.

Après avoir eu cette parole supposément « prophétique », je me suis sentie laide, indésirable et surtout, découragée. Le défi était trop gros. J'ai partagé cette parole à une autre personne en autorité de mon église et cette dernière (qui était elle-même rondelette et heureuse en mariage) m'a dit : « Mais voyons! S'il fallait être mince pour se marier, toutes les minces seraient mariées! » Elle m'a fait sourire et elle avait bien raison!

Parlons logiquement maintenant. Oui, dans notre société, il est plus facile pour une femme mince d'obtenir différentes positions dans la vie. Même au niveau professionnel, les rondes sont parfois prises moins au sérieux. Tristement, dans l'église aussi, ce jugement demeure. Évidemment, lorsqu'il est question de relations amoureuses, oui, les femmes plus minces attirent davantage l'attention que les rondes. (Et ce constat est le même pour les hommes, en passant!) Être ronde rend la vie sociale plus difficile, mais pas impossible!

J'ai trouvé celui qui est devenu mon mari sur un site de rencontres chrétien. Ma photo était mal choisie, je l'avoue, et lorsque j'ai vu Tobi pour la première fois, il a eu un petit moment d'hésitation. Après un souper aux conversations très intéressantes et amusantes, Tobi est retourné chez lui. Pendant son trajet vers sa maison, il a réfléchi : « Elle est un peu plus ronde que sur sa photo, est-ce que ça me dérange vraiment? » Heureusement pour moi, il en est venu à la conclusion que non, il appréciait trop ma compagnie. Aujourd'hui, nous sommes mariés et nous avons de beaux enfants.

Avoir un surpoids n'est pas idéal. Non seulement socialement, mais également pour notre santé. Cela augmente les risques de développer toutes sortes de maladies. Nous sommes le temple du Saint-Esprit; il faut essayer de corriger la situation. Je suis toujours en train de travailler sur cela. Je m'entraîne, je mange bien, je suis en bonne forme physique, mais j'ai encore du poids à perdre. À chacun ses batailles!

Si vous avez un excès de poids, oui, travaillez à le perdre. Mais pas pour trouver l'amour! Vous aurez peut-être moins de choix, moins de prétendants devant vous, mais nous n'en avons besoin qu'un seul, non? Si vous choisissez de perdre du poids, faites-le pour votre santé. Ou encore, faites-en une bataille spirituelle : un des fruits de l'Esprit est la maîtrise de soi, peut-être vous faut-il laisser ce fruit éclore dans votre vie? Bref, évitez de vous mettre à la diète pour « améliorer votre apparence ». La beauté n'a rien à voir avec le poids; c'est une question de confiance en soi. Si vous êtes rondelette, mais que vous êtes heureuse dans votre peau et que vous vous trouvez mignonne, vous allez attirer des compliments, c'est garanti.

Commencer à bâtir son mariage

Nous nous marions par amour, mais nous restons mariés par choix. Se marier, c'est vouloir bâtir une famille à deux (avec ou sans enfant). C'est désirer servir le Seigneur à deux, devenir une colonne solide pour notre société et développer des projets communs qui vont laisser une marque positive de notre génération à la suivante.

Personne ne devrait se marier dans le but d'être servi par l'autre, de combler un vide ou de rencontrer tout autre besoin égocentrique, comme nous l'avons vu jusqu'à présent. Nous devons aussi garder en tête que nous ne pouvons pas changer « l'autre ». Dieu nous demande de nous supporter les uns les autres, de nous pardonner, nous édifier, et la liste s'étire… mais jamais il n'est écrit que nous devons essayer de modifier l'autre personne. Cela crée beaucoup trop de conflits. Nous pouvons suggérer à l'autre quelques améliorations à faire, lui dire ce qui nous blesse ou irrite (lors d'un moment favorable), mais ultimement nous ne pouvons pas forcer l'autre à changer. La seule personne sur qui nous avons ce contrôle, c'est nous-mêmes.

Sachant tout cela, nous comprenons vite que nous avons une grande part à jouer pour avoir un mariage idéal. Et cette part bien spéciale, nous pouvons très bien la commencer avant même de rencontrer notre partenaire de vie.

Imaginez-vous mariés...

• Quelle serait la situation financière idéale pour votre couple? Ne pas avoir de dettes? Alors, libérez-vous de cela dès maintenant. Vivre une retraite à l'aise financièrement? Commencez déjà à épargner pour cela, même si vous êtes célibataires.

• Quel serait l'état de santé idéal pour votre couple? Êtes-vous déjà à cet endroit désiré? Que pouvez-vous faire pour vous présenter devant l'autel dans cette forme physique idéale? (Pas parfaite, mais idéale...)

• Quelles seraient vos habitudes spirituelles en tant que couple idéal? Est-ce que cela ressemblerait à vos habitudes actuelles, ou devez-vous faire quelques ajustements dès maintenant? Vous vous imaginez en train de servir ensemble dans une église? Commencez à le faire maintenant, pendant votre célibat! Vous changerez peut-être de ministère une fois marié, mais vous aurez déjà pris l'habitude de servir.

• Que serait votre routine? Quels hobbies partageriez-vous? Vos enfants auraient quels traits de votre caractère? Ou quelle mauvaise habitude avez-vous que vous ne voudriez pas transmettre à vos enfants? Changez cette mauvaise habitude dès maintenant. Si vous vous améliorez déjà dans plusieurs domaines, non seulement votre futur partenaire en bénéficiera, mais vous en bénéficierez dès maintenant aussi.

La meilleure façon de bâtir votre mariage est en commençant par vous-mêmes, et pour cela, pas besoin d'attendre d'avoir un anneau au doigt. « Car, lequel de vous, s'il veut bâtir une tour, ne s'assied d'abord pour calculer la dépense et voir s'il a de quoi la terminer, de peur qu'après avoir posé les fondements, il ne puisse l'achever, et que tous ceux qui le verront ne se mettent à le railler, en disant : cet homme a commencé à bâtir, et il n'a pu achever? Ou quel roi, s'il va faire la guerre à un autre roi, ne s'assied d'abord pour examiner s'il peut, avec dix mille hommes, marcher à la rencontre de celui qui vient l'attaquer avec vingt mille? S'il ne le peut, tandis que cet autre roi est encore loin, il lui envoie une ambassade pour demander la paix » (Luc 14.28-32).

Avant de vous lancer dans l'aventure du mariage, vérifiez si vous avez ce qu'il vous faut pour construire une vie de couple idéale et durable. Selon Luc 14.28-32, planifier est intimement lié au succès.

En résumé...

Avez-vous la bonne image du mariage? C'est un engagement à servir l'autre, à le rendre heureux. Si tous les deux partenaires ont cette attitude, les besoins seront rencontrés de part et d'autre. Pour cela, il faut être humble, être prêt à changer nos mauvaises habitudes et laisser tomber notre armure. Ce sera difficile, mais la vie à deux sera plus légère si vous y entrez avec la connaissance et la sagesse nécessaires.

Avez-vous déjà fait ce cheminement dans votre cœur? Êtes-vous prêts aux sacrifices de la vie de couple? Si oui, alors passez au chapitre suivant.

CHAPITRE 08
ET SI LA RAISON ÉTAIT SPIRITUELLE?

Jusqu'à présent, nous avons abordé la vie amoureuse d'un point de vue physique et émotionnel. Nous avons parlé de ce que nous devons changer dans notre attitude ou ce que nous pouvons faire concrètement pour augmenter nos possibilités de trouver la bonne personne. Mais il y a aussi une autre dimension importante à considérer lorsque nous essayons de comprendre pourquoi nous sommes célibataires.

J'étais en prière, en préparation pour une conférence de Passion374, lorsque je me suis souvenue d'un moment marquant dans ma vie. Je participais à une retraite chrétienne et un des enseignements traitait sur les malédictions. Une malédiction est un lien spirituel qui amène des blocages dans nos vies. Ce n'est pas une possession démoniaque. C'est une porte d'entrée que l'ennemi a pour causer des échecs dans différents domaines.

Nous connaissons tous l'histoire de Josué et de Jéricho. Tout le peuple d'Israël a fait le tour de la ville pendant sept jours. Puis, au son de la trompette, tous ont poussé un grand cri et le mur épais de Jéricho est tombé, donnant une victoire spectaculaire aux enfants de Dieu. Puis, Josué a prononcé une parole de malédiction sur les ruines. « Ce fut alors que Josué jura, en disant : Maudit soit devant l'Éternel l'homme qui se lèvera pour rebâtir cette ville de Jéricho! Il en jettera les fondements au prix de son premier-né, et il en posera les portes au prix de son plus jeune fils » (Josué 6.26).

Plusieurs années plus tard, alors qu'Achab était roi, un des leaders de la nation a décidé de rebâtir Jéricho. « De son temps, Hiel de Béthel bâtit Jéricho; il en jeta les fondements au prix d'Abiram, son premier-né, et il en posa les portes aux prix de Segub, son plus jeune fils, selon la parole que l'Éternel avait dite par Josué, fils de Nun » (1 Rois 16.34). Voilà une malédiction claire. Josué avait déclaré cette terre interdite et voulait qu'elle le demeure comme un signe pour le peuple. En faisant fi des enseignements de Josué, Hiel a subi les conséquences de son insouciance.

Toutes les malédictions ne sont pas aussi claires dans la Bible. À plusieurs reprises il est écrit « maudit soit celui qui… » sans donner de détail sur ce qui arrivera à celui qui ignorera ces instructions. Cette imprécision peut amener les gens à faire fi de ces avertissements. Par exemple, nous lisons dans Deutéronome 27.18 « Maudit soit celui qui fait égarer un aveugle dans le chemin! Et tout le peuple dira : Amen! » Si le verset disait que celui qui fait cela « perdra son premier-né », le peuple ferait beaucoup plus attention aux aveugles. Mais lorsque la conséquence n'est pas mentionnée, ceux qui l'entendent sont moins vigilants. Or, même si elle n'est pas précisée, elle est bien présente. Nous pouvons donc souffrir de différents blocages causés par des malédictions sans vraiment nous en rendre compte.

Parmi les malédictions les plus communes (celles qui peuvent encore s'appliquer aujourd'hui), il y a celle écrite dans Jérémie 17.5 « Ainsi parle l'Éternel : Maudit soit l'homme qui se confie dans l'homme, qui prend la chair pour son appui, et qui détourne son cœur de l'Éternel! » Celui qui préfère faire confiance aux hommes au lieu de suivre ce que Dieu dit attire une malédiction sur ses projets. Nous pouvons aussi placer une malédiction sur notre vie selon les paroles que nous prononçons (nous aborderons ce sujet plus tard dans ce chapitre). Dans Malachie, plusieurs versets indiquent que nos finances seront maudites si nous n'honorons pas Dieu d'abord.

Nous entendons également parfois parler de « malédictions générationnelles » dans différentes églises. Cela fait référence à Exode 20.5 : « Tu ne te prosterneras point devant elles, et tu ne les serviras point; car moi, l'Éternel, ton Dieu, je suis un Dieu jaloux, qui punis l'iniquité des pères sur les enfants jusqu'à la troisième et la quatrième génération de ceux qui me haïssent ». Souvent, une personne peut souffrir de pauvreté lorsque ses parents et grands-parents étaient irresponsables financièrement. Certains ecclésiastiques disent que c'est davantage un style de vie, transféré d'une génération à l'autre, qu'un lien spirituel à briser, mais je ne suis pas d'accord. Je crois qu'il ne faut pas négliger ce qui se passe dans le domaine spirituel. Il existe bel et bien des conséquences physiques aux problèmes spirituels.

Il n'est pas toujours évident de savoir quelles sont les portes que nos ancêtres peuvent avoir ouvertes, mais nous pouvons généralement voir un « pattern ». Dans mon cas, il n'y a aucune femme mariée dans ma famille. Ni du côté paternel ni du côté maternel. Les deux seules femmes qui se sont mariées se sont divorcées. Mes deux oncles sont mariés, mais pas mes tantes. Une étrange coïncidence? J'ai choisi de ne pas prendre le risque et j'ai décidé d'amener cette possible malédiction à la croix. J'ai accepté le pardon de Christ et j'ai couvert mes relations du sang de Jésus... et maintenant je suis mariée (et oh, combien heureuse avec mon époux)!

Car lorsque nous donnons notre vie à Christ, le sang de sa croix vient briser toutes malédictions. Déjà dans l'Ancien Testament, pour briser une malédiction, Dieu demandait une réelle repentance. Lorsque nous nous repentons de nos péchés et acceptons le sacrifice de Jésus à la croix pour nous racheter, nous sommes libres. « Il a effacé l'acte dont les ordonnances nous condamnaient et qui subsistait contre nous, et il l'a détruit en le clouant à la croix; il a dépouillé les dominations et les autorités, et les a livrées publiquement en spectacle, en triomphant d'elles par la croix » (Colossiens 2.14-15).

Si nous sommes automatiquement libérés de toutes malédictions en échangeant notre vie avec celle de Christ, par la croix, pourquoi ai-je décidé de « briser » cette malédiction familiale après 20 ans de salut? Je crois que c'était en partie une façon pour moi de rappeler à l'ennemi que je ne croyais plus en cette malédiction sur ma vie. Ainsi, je réaffirmais mon identité et mon nouvel ADN : je suis de la famille de Dieu. « Même si aucune femme dans ma famille n'a eu de succès amoureux, je déclare que je suis libre de cette malédiction en raison du sang de Christ. Je suis la fille de Dieu et mon passé est effacé par la croix. » Après tout, c'est ce que dit 2 Corinthiens 5.17 : « Si quelqu'un est en Christ, il est une nouvelle créature. Les choses anciennes sont passées; voici, toutes choses sont devenues nouvelles. »

Évidemment, une fois que nous sommes pardonnés, que notre identité est changée, nous devons continuer à avancer dans les pas de Christ. Nous ne pouvons pas vivre comme le monde, dans la chair et le péché, sans conséquence. En parlant aux premiers chrétiens, Paul a dit : « Ne donnez pas accès au diable » (Éphésiens 4.17). Bref, même si nous sommes nés de nouveau, nous pouvons donner accès au diable à différents domaines de notre vie si nous ne suivons pas les instructions de Dieu. Nous serons toujours imparfaits en vivant sur cette Terre, mais nous avons un bon avocat (1 Jean 2.1). Or, cette grâce ne signifie pas que nous pouvons suivre tous les penchants de notre cœur. « Frères, vous avez été appelés à la liberté, seulement ne faites pas de cette liberté un prétexte de vivre selon la chair; mais rendez-vous, par la charité, serviteurs les uns des autres » (Galates 5.13). Nous devons marcher dans notre nouvelle identité et suivre l'Esprit de Dieu. « Ceux qui sont à Jésus Christ ont crucifié la chair avec ses passions et ses désirs » (Galates 5.24). Vivre dans le péché ouvre des portes à l'ennemi. Évitons cela en restant collés sur le cœur du Père et en cherchant à le suivre en toutes choses. C'est en lui que se trouvent tous nos succès.

Le pouvoir du sexe

Dieu n'a rien contre le sexe : c'était son idée! Mais Il l'a placé dans un contexte bien particulier, celui du mariage. Genèse 2.24 dit « C'est pourquoi l'homme quittera son père et sa mère, et s'attachera à sa femme, et ils deviendront une seule chair ». Le verset indique que l'homme « s'attachera à sa femme », et pour créer cet attachement, il n'y a rien de plus puissant que les relations sexuelles. Même la psychologie moderne le reconnaît, faire l'amour produit un sentiment d'attachement très solide.

C'était d'ailleurs là le plan de Dieu, lorsqu'Il a créé ce sentiment dans nos gènes. Dieu désire que l'homme et la femme se sentent solidement liés l'un à l'autre. C'est de cette façon qu'ils seront capables de passer au travers de toutes sortes de tempêtes ensemble. Ce lien est ensuite très difficile à briser. Cela explique pourquoi il faut garder le sexe dans le mariage. Une peine d'amour est bien plus difficile lorsque les partenaires étaient actifs sexuellement.

Même l'apôtre Paul considérait les péchés sexuels plus dommageables que tous les autres péchés. « Fuyez l'impudicité. Quelque autre péché qu'un homme commette, ce péché est hors du corps; mais celui qui se livre à l'impudicité pèche contre son propre corps. Ne savez-vous pas que votre corps est le temple du Saint-Esprit qui est en vous, que vous avez reçu de Dieu, et que vous ne vous appartenez point à vous-mêmes? Car vous avez été rachetés à un grand prix. Glorifiez donc Dieu dans votre corps et dans votre esprit, qui appartiennent à Dieu » (1 Corinthiens 6.18-20).

Dans ce verset, Paul relie clairement le corps et l'esprit. Lors d'une relation sexuelle, il y a non seulement une unité de corps, et bien sûr une forme d'unité émotionnelle (âme), mais il y a certainement aussi une unité d'esprit. Tout comme nous devons nous détacher émotionnellement de notre « ex » lors d'une rupture, nous devons aussi nous dégager spirituellement de cette personne. Pour ce faire, amenez cette relation brisée à la croix, pardonnez l'autre, pardonnez-vous vous-mêmes, et repentez-vous de ce qui n'a pas été fait dans les voies de Dieu. Ensuite, laissez le sang de Christ couler sur votre vie pour briser tous liens spirituels.

Toutes relations sexuelles créent un lien spirituel, qu'elles aient été consentantes ou non. Tant qu'il n'y a pas de repentance et de pardon, il restera une porte d'entrée ouverte à l'ennemi pour venir saboter vos projets. La solution est simple et efficace, n'attendez pas. « Soumettez-vous donc à Dieu; résistez au diable, et il fuira loin de vous » (Jacques 4.7). Si vous croyez avoir besoin d'assistance dans ce domaine, demandez de l'aide à vos pasteurs. Ils se feront un plaisir de déclarer une délivrance complète de votre vie au nom de Jésus. Ensuite, croyez que vous êtes libres et marchez en vainqueur. Si vous doutez de votre délivrance et que vous vous sentez encore coupables, vous continuerez à vivre sous ces liens. La confession de votre bouche est aussi importante.

Je désire ajouter une petite parenthèse ici, même si je sais qu'elle ne s'applique pas à tout le monde. Dans certaines cultures, il y a une pratique appelée « femme ou mari de nuit ». (Si vous n'avez pas entendu parler de ça, parfait! Sautez ce paragraphe, cela ne s'applique pas à vous — Gloire à Dieu!) Ces pratiques ne sont pas imaginaires, même si elles se passent pendant que vous dormez. Ce sont de vraies relations sexuelles. Or, même si nous les nommons « femme ou mari » ce sont en fait des démons. Si vous avez pratiqué ce genre de relations sexuelles, vous avez besoin d'une délivrance. Des liens spirituels forts sont créés par ces actes et peuvent vous empêcher de vous marier ou du moins de rencontrer une personne selon le cœur de Dieu. Allez en parler à vos pasteurs et demandez-leur de prier avec vous pour une délivrance complète et pour que ces malédictions soient brisées.

La puissance de nos paroles

La forme la plus courante de malédiction est celle que nous plaçons nous-mêmes sur notre vie par nos paroles. « La mort et la vie sont au pouvoir de la langue; quiconque l'aime en mangera les fruits » (Proverbes 18:21). « La langue douce est un arbre de vie, mais la langue perverse brise l'âme » (Proverbes 15:4).

Nous devons faire attention à ce que nous déclarons sur notre vie. Dans des moments de découragement, nous pouvons placer une malédiction sur nos relations par nos paroles. « C'est ça, moi je ne vais jamais me marier! » « Moi, je n'attire que des hommes infidèles! » « Il n'y a pas une fille qui va vouloir de moi. » Et parfois, ces paroles semblent presque logiques; c'est pourquoi nous les répétons et croyons ce que nous disons. En coaching privé, nous avons reçu une jeune femme qui se plaignait de ne rencontrer que des hommes violents. « Mais c'est normal, avec mon caractère de feu », disait-elle. Elle avait raison, lorsque nous sommes colériques, il serait étonnant de trouver un partenaire doux comme une colombe! Mais avec une déclaration ferme comme cela, elle n'arrivait pas à sortir de sa condition. Elle a eu besoin de transformer son caractère, en laissant la douceur du Saint-Esprit prendre davantage de place dans sa vie, et aussi, changer ses paroles.

Parfois, nous pouvons même déclarer des paroles qui semblent bonnes. Par exemple, nous pourrions dire : « Je ne me marierai pas tant que je n'aurai pas amené 500 âmes à Christ ». C'est un but très louable, mais puisque nous ne sommes pas responsables de la décision des autres, nous risquons de lier notre destinée. Parfois, ce que nous désirons faire pour Dieu est plus grand que ce que Dieu nous demande d'accomplir! La Bible est claire par rapport à ce que nous promettons à Dieu. « Si tu fais un vœu à l'Éternel, ton Dieu, tu ne tarderas point à l'accomplir : car l'Éternel, ton Dieu, t'en demanderait compte, et tu te chargerais d'un péché. Si tu t'abstiens de faire un vœu, tu ne commettras pas un péché » (Deutéronome 23.21-22).

Enfin, il y a aussi les malédictions prononcées par les autres sur notre vie. Par exemple, si votre tante vous dit : « Toi, tu n'arriveras jamais à trouver une fille respectable! » ou si une amie vous dit : « Tu vas trouver ton mari seulement si tu arrives à perdre 20 kilos ». Peu importe les déclarations faites sur vous et votre capacité de rencontrer votre futur époux ou future épouse, refusez-les! Ne laissez personne semer de l'ivraie dans le champ de votre foi.

Même si vous refusez de croire qu'un lien spirituel se crée lors de paroles prononcées, admettez qu'elles peuvent saboter votre foi. Elles peuvent semer le découragement, brimer votre estime, et vous pourriez vous mettre à agir exactement comme ces mauvaises déclarations contre vous. D'une façon ou d'une autre, vous devez refuser les paroles qui ne s'accordent pas avec ce que Dieu dit. Pour briser l'effet de toutes paroles prononcées contre vous, commencez par les refuser, ensuite, repentez-vous si elles étaient sorties de votre propre bouche, et finalement, laissez le sang de Jésus briser tous les liens. « Christ nous a rachetés de la malédiction de la loi, étant devenu malédiction pour nous, car il est écrit : maudit est quiconque est pendu au bois, afin que la bénédiction d'Abraham eût pour les païens son accomplissement en Jésus Christ, et que nous reçussions par la foi l'Esprit qui avait été promis » (Galates 3.13-14).

Il n'est jamais trop tard pour recommencer

Les exemples de vies brisées par le péché sont multiples dans la Bible. Nous pouvons penser à David et Bath-Schéba, ou l'histoire de la femme adultère dans Jean 8. Mais l'histoire de la femme samaritaine nous montre un raisonnement que plusieurs personnes ont encore aujourd'hui. Jésus lui dit : « Car tu as eu cinq maris, et celui que tu as maintenant n'est pas ton mari. En cela tu as dit vrai » (Jean 4.18). Plusieurs commentaires bibliques s'entendent pour dire que la femme samaritaine n'était sûrement pas veuve de tous ses maris. C'est possible, mais il serait plus sensé de croire qu'elle est peut-être passée par un veuvage, puis par quelques divorces. Et la voilà enfin en concubinage.

Comme plusieurs d'entre nous, petite, elle rêvait sûrement qu'elle allait se marier une seule fois, à un charmant jeune homme, et qu'ils seraient restés ensemble toute leur vie. Mais après peut-être une tragédie, elle s'est mise à enchaîner les erreurs, jusqu'à ce qu'elle arrive au point de ne plus rechercher le bon chemin du tout. De nos jours, nous croisons aussi des chrétiens qui après avoir eu une relation sexuelle avant le mariage, jettent l'éponge et s'enfoncent davantage dans le péché et finissent par habiter ensemble sans être mariés ou multiplient les aventures. « Le mal est fait de toute façon… Tant qu'à pécher, allons-y gaiement… J'ai déjà dépassé les limites... » Des phrases qui ne sont peut-être pas dites à haute voix, mais qui décrivent bien l'attitude défaitiste de plusieurs chrétiens après leur chute.

Est-ce possible de faire marche arrière? Oui, tout à fait! C'est ce que Jésus a affirmé à la femme adultère : « Je ne te condamne pas non plus : va, et ne pèche plus » (Jean 8.11b). Dans 1 Jean 1.9 nous avons une belle promesse : « Si nous confessons nos péchés, il est fidèle et juste pour nous les pardonner, et pour nous purifier de toute iniquité. » Oui, Dieu peut vous redonner une vie nouvelle, vous pouvez recommencer à marcher dans ses voies comme si rien n'était arrivé. « Venez et plaidons! dit l'Éternel. Si vos péchés sont comme le cramoisi, ils deviendront blancs comme la neige; s'ils sont rouges comme la pourpre, ils deviendront comme la laine » (Ésaïe 1.18).

Mais même si le pardon de Dieu est complet, pour pouvoir marcher à nouveau dans la sainteté, un autre ingrédient est essentiel : se pardonner soi-même. Nous devons accepter la nouvelle vie que Dieu nous donne. Se pardonner signifie que nous reconnaissons nos erreurs, et que nous manifestons assez de compassion envers nous-mêmes pour refuser de nous condamner nous-mêmes. Si Dieu est prêt à vous pardonner, qui sommes-nous pour continuer à nous en vouloir? Il faut laisser l'orgueil de côté, accepter cette grâce imméritée, et entrer dans la destinée de

Christ. Il n'est pas trop tard pour recommencer. Christ est mort sur la croix pour que nous n'ayons plus à souffrir. Alors, recevons son pardon, et manifestons de la grâce aussi envers nous-mêmes, et son sacrifice n'aura pas été en vain.

En recevant et donnant le pardon, nous nous libérons du passé et nous pouvons recommencer. Avec Dieu, tant que nous sommes sincères, peu importe où nous sommes rendus dans notre vie, nous pouvons toujours appuyer sur le bouton « reset ». Avant de donner sa vie à Jésus, Saul a fait tuer et a participé activement au massacre de plusieurs chrétiens. Malgré cela, lorsqu'il s'est repenti, Dieu l'a complètement pardonné et l'a amené à devenir l'apôtre Paul qui a eu un impact majeur sur la croissance de la première église. Peu importe vos péchés, il n'est pas trop tard pour revenir à Dieu de tout votre cœur, recevoir son pardon complet et être libéré de toutes malédictions liées à ces péchés. Alors, n'attendez pas!

Ressusciter le rêve

Après une rupture ou attente qui semble vaine, certains célibataires choisissent de réduire leurs critères. En fait, ils en viennent même à douter que l'amour existe. Ils croient que leurs attentes initiales étaient trop élevées, qu'ils avaient « rêvé en couleur » en espérant une relation de couple harmonieuse. Ou encore, pour éviter d'être blessés à nouveau, nous décidons de ne plus rêver. Cette réaction pessimiste est normale et très humaine. Or, lorsque nous abandonnons notre vie à Jésus, nous ne sommes plus de ce monde (Jean 17.16)! Par le fait même, nous n'avons plus à subir cette attitude défaitiste.

Dans l'Ancien Testament, lorsqu'une personne vivait une expérience particulière avec Dieu, elle utilisait un de ses attributs pour lui donner un nom bien précis. Prenons l'exemple d'Abraham, dans Genèse 22. Par obéissance, le patriarche était prêt à immoler son enfant Isaac. Au dernier moment, un ange a arrêté la main d'Abraham et lui a montré un bélier retenu dans un buisson. Il sacrifia cet animal au lieu de son fils. « Abraham donna à ce lieu le nom de Jehova Jiré. C'est pourquoi l'on dit aujourd'hui : à la montagne de l'Éternel il sera pourvu » (Genèse 22.14) Jehova Jiré : Dieu qui pourvoit.

Gédéon a été touché par la paix que Dieu lui a apportée et il a nommé son autel : Jehova Shalom (Juges 6.24) soit Dieu de paix. Dans Exode 15, Dieu a rassuré son peuple en lui disant qu'Il est « L'Éternel qui te guérit » ou Jehova Rapha. En fait, Dieu est si puissant, si complet, qu'il n'y a pas de mot pour vraiment le décrire. En lui, nous trouvons tout ce dont nous avons besoin. C'est pourquoi lorsque Moïse lui a demandé son nom, Dieu a répondu tout simplement par « Je suis » (Exode 3.14). C'est à nous, en quelque sorte, de compléter cette phrase. Besoin de sagesse financière? Dieu dit : « Je suis… la sagesse ». Besoin de justice, Il dit : « Je suis… ta justice ». Nous servons le Dieu de paix, le Dieu fidèle, le Dieu d'amour.

Besoin de ressusciter le rêve d'un mariage heureux? Il est le Dieu de résurrection! Dieu a clairement prouvé qu'Il a ce pouvoir, Jésus étant bien sûr le meilleur exemple. Dans le rêve d'Ezéchiel, Dieu lui montre qu'Il peut recréer une armée complète à partir des ossements desséchés (Ezéchiel 37). Il est tout-puissant. Il a créé tout l'univers et Il a encore son pouvoir créateur. Il est peut-être temps de lui remettre les ossements de votre rêve d'un mariage heureux. Il prendra vos cendres et les transformera en quelque chose de merveilleux!

Dieu peut ressusciter votre rêve d'avoir un mariage heureux. Se marier imparfait à un partenaire imparfait, mais où tous les deux seront à l'écoute du Saint-Esprit. Oui, cela existe! Nous devons reconnaître nos erreurs lors de nos relations précédentes, briser les malédictions passées, être assez humbles pour accepter de s'améliorer, mais nous devons continuer à croire aux promesses de Dieu. Jésus n'est plus dans la tombe, Il est ressuscité. Et le même Dieu qui l'a ressuscité n'a pas changé. Il peut aussi sortir vos rêves de leur tombe.

En résumé...

Il n'y a pas que des circonstances physiques ou des états émotionnels qui peuvent nous empêcher de rencontrer un bon partenaire. Parfois, la raison peut être spirituelle. Prenez un temps avec Dieu et appliquez le sang de Jésus sur votre vie. Renoncez à tout péché et déclarez que toutes malédictions relationnelles sont maintenant brisées dans votre vie. Si vous avez donné votre vie à Jésus, qu'Il est votre Sauveur et Seigneur, célébrez votre nouvel ADN : vous êtes un enfant de Dieu.

Vous avez fait tout cela depuis des mois, ainsi que tout ce dont nous avons parlé jusqu'à présent dans ce livre, et vous êtes encore célibataire? Passez au chapitre suivant!

CHAPITRE 09
CONSTANCE, FOI ET PERSÉVÉRANCE

Nous pouvons toujours nous améliorer, dans tous les domaines de notre vie, incluant notre recherche d'un partenaire. Mais lorsque nous cherchons de façon équilibrée, que notre cœur et notre esprit sont libres et prêts à aimer, que pouvons-nous faire de plus? Peut-être cette réponse vous décevra : vous n'avez qu'à persévérer.

Persévérer pour obtenir le meilleur

Parfois, nous envions les inconvertis, ou du moins leur semblant de liberté. Ils peuvent faire presque tout ce qu'ils veulent, avec peu de conséquences immédiates. Se trouver un partenaire paraît beaucoup plus facile pour eux, parce qu'ils n'ont pas autant de « restrictions » que les enfants de Dieu. Ce sentiment n'est pas réservé aux relations amoureuses. La vie chrétienne est chargée de toutes sortes de défis que les inconvertis n'ont pas, ce qui peut être décourageant. La tentation de mettre notre foi de côté le temps de satisfaire nos désirs est très forte.

Nous ne sommes pas les seuls à avoir ressenti ce type de découragement. Plusieurs chrétiens contemporains de Paul enduraient la même tentation. Leurs soucis étaient différents des nôtres : ils vivaient une persécution intense et faisaient en outre face à des menaces de mort assez atroces. L'apôtre a alors jugé bon de les encourager. « N'abandonnez donc pas votre assurance, à laquelle est attachée une grande rémunération. Car vous avez besoin de persévérance, afin qu'après avoir accompli la volonté de Dieu, vous obteniez ce qui vous est promis » (Hébreux 10.35-36).

Ce verset parle de la vie éternelle. Si nous persévérons dans notre foi, que nous restons fermes dans nos convictions malgré la pression de nos désirs, nous obtiendrons la « récompense » d'habiter avec notre Seigneur pour l'éternité. Lorsque nous songeons au mariage, à bâtir une famille, nous pourrions facilement oublier le but ultime de notre existence. La mort et la vie éternelle semblent bien loin dans nos pensées quand notre célibat est lourd à porter. Mais l'apôtre Paul nous encourage à garder le cap. « Et mon juste vivra par la foi; mais, s'il se retire, mon âme ne prend pas plaisir en lui. Nous, nous ne sommes pas de ceux qui se retirent pour se perdre, mais de ceux qui ont la foi pour sauver leur âme » (Hébreux 10.38-39).

Une très belle célibataire dans notre église demeurait concentrée sur son objectif en

Constance, foi et persévérance

disant aux prétendants qui ne partageaient pas sa foi : « Je préfère mourir célibataire et aller au ciel, que de me compromettre et aller en enfer avec toi ». Cette attitude était radicale, mais c'est ce qui l'a gardée jusqu'au jour de son mariage avec un charmant homme de Dieu.

Lorsque nous résistons à la tentation de céder sur nos convictions, non seulement nous nous qualifions pour recevoir la récompense mentionnée par Paul, mais nous restons aussi dans la bonne direction pour obtenir toutes sortes d'autres bénédictions. Dieu aime ses enfants, et quand nous Lui donnons notre cœur, Il dépose toutes sortes de bénédictions sur notre parcours de vie. En continuant à marcher dans le bon chemin, vers le but ultime, nous allons inévitablement rencontrer ces bénédictions. Nous devons uniquement garder le cap. « Cherchez premièrement le royaume et la justice de Dieu; et toutes ces choses vous seront données par-dessus » (Matthieu 6.33). Et notre Dieu n'est pas pauvre! « Et mon Dieu pourvoira à tous vos besoins selon sa richesse, avec gloire, en Jésus Christ » (Philippiens 4.19).

Célibataire : Dieu veut t'encourager à ne pas compromettre ta foi parce que tu es exaspéré d'attendre. Il sait ce que tu ressens, que c'est parfois difficile de suivre sa voie et que tout semblerait plus simple si tu agissais comme le monde. Mais persévère dans ta foi : tu seras fier d'avoir gardé le cap.

La bénédiction qui suit l'obéissance

La petite voix (ou le sentiment qui vient dans notre cœur) lorsque nous cherchons à suivre Christ dans nos relations est généralement inspirée du Saint-Esprit. Il est celui que Christ a promis d'envoyer pour nous guider dans toute la vérité (Jean 16.13). C'est lui qui nous rappelle les enseignements bibliques que nous avons entendus à l'église ou ailleurs (Jean 14.26) et qui nous aide à les mettre en pratique.

Mais humains que nous sommes, nous désirons souvent comprendre la raison pour laquelle nous devrions faire ceci ou éviter de faire cela. « Pourquoi devrais-je attendre au mariage avant d'avoir des relations sexuelles? Pourquoi devrais-je chercher un partenaire qui partage la même foi que moi? » Bien que nous pouvons trouver différents versets pour appuyer nos doctrines, la plupart du temps, Dieu ne nous dit pas pourquoi nous devrions suivre ses préceptes. Il nous demande d'obéir, et non d'être d'accord. Faites vos recherches avec une concordance : Dieu répond rarement à la question « pourquoi ».

Pour obéir à ce que Dieu prescrit, nous devons bien Le connaître. C'est seulement lorsque nous expérimentons son amour que nous pouvons le suivre sans questionner. Tel un bon berger, Il nous conduit vers des pâturages luxuriants (Psaumes 23). Si nous ne recevons pas immédiatement ce que nous désirons, l'obéissance nous apporte néanmoins la paix et le sentiment d'avoir bien agi.

Mais nous oublions parfois une autre bénédiction. Avez-vous déjà considéré l'obéissance de... Luc. Il a écrit un des quatre évangiles dans la Bible, et il est aussi l'auteur du livre des Actes. Il n'a pas eu une vision divine le forçant à rédiger ces ouvrages. L'archange Gabriel ne lui a pas donné cet ordre sous un fond de grands violons. Il a probablement eu un simple sentiment dans son cœur qu'il devait le faire, une poussée invisible du Saint-Esprit, et il a obéi. Il est mort peu de temps après et rien n'indique qu'il a reçu une bénédiction triomphante du ciel pour avoir accompli son dessein. Mais que dirait-il aujourd'hui s'il voyait que deux mille ans plus tard, des chrétiens lisent encore avec passion ses paroles? C'est nous qui héritons de la bénédiction de son obéissance.

Et que dire de l'apôtre Paul? Il aurait pu lui aussi décider de faire sourde oreille et refuser de répandre la bonne nouvelle partout dans le monde non-juif. Gloire à Dieu qu'il n'en a pas été ainsi! Il en est de même pour Pierrette et pour son obéissance! Pierrette? Vous ne la connaissez probablement pas, mais c'est la petite dame qui a obéi à Dieu quand Il lui a mis à cœur d'aller visiter ma mère pour lui présenter Jésus, en 1985. J'étais là aussi, j'ai écouté avec attention lorsqu'elle a emprunté un langage enfantin pour que je comprenne le salut et que je décide de donner ma vie à Dieu. Où serais-je aujourd'hui si elle ne s'était pas soumise au Seigneur? Il aurait peut-être utilisé quelqu'un d'autre, plus tard dans notre vie. Mais en connaissant Jésus dès mon jeune âge, j'ai été gardé de bien des maux. Merci Seigneur qu'elle a lui obéi!

Lorsque nous désobéissons à Dieu, nous ignorons parfois les conséquences que cela engendre. Il n'y aura possiblement pas d'impacts négatifs pour nous, mais d'autres personnes pourraient souffrir. Elles devront se priver de la délivrance attendue ou du sourire encourageant qui aurait allégé leur cœur. Le Seigneur vous demande de témoigner (Matthieu 28.19), d'aimer votre prochain (Marc 12.31), de garder les relations sexuelles dans les liens du mariage (Hébreux 13.4). L'obéissance est un choix. Vous ne saurez peut-être jamais ce que votre obéissance aura comme bonne conséquence pour quelqu'un, quelque part. Mais faites-le, et l'on parlera peut-être encore de votre décision dans 50, 100, 1000 ans d'ici. Peut-être qu'un jour quelqu'un dira : « Merci Seigneur qu'il ou elle a obéi »!

Quand le découragement frappe à la porte

Élie était un très grand prophète. C'est lui qui a fait descendre le feu du ciel sur un autel complètement trempé d'eau, alors que

Constance, foi et persévérance

les 400 prophètes de Baal avaient été incapables d'en faire autant. Après avoir exterminé ces faux prophètes, il a été menacé de mort par Jézabel et s'est enfui au désert. Totalement déprimé, Élie était prêt à se laisser mourir. Dieu a pris le temps de le restaurer et le nourrir. Ensuite, Il lui a demandé ce qu'il faisait là, ce qu'il avait à se plaindre. « J'ai déployé mon zèle pour l'Éternel, le Dieu des armées; car les enfants d'Israël ont abandonné ton alliance, ils ont renversé tes autels, et ils ont tué par l'épée tes prophètes; je suis resté, moi seul, et ils cherchent à m'ôter la vie » (1 Rois 19.10). Il avait défendu sa foi, ses convictions, avec zèle, mais il se sentait bien seul à partager ces standards de consécration.

Tous les chrétiens reçoivent la Parole de Dieu avec zèle au moment de leur salut. Nous sommes tous prêts à appliquer les préceptes divins dans tous les domaines de notre vie, incluant notre célibat. Mais le temps passe et nous commençons à nous sentir bien seuls dans nos standards. Nous voyons nos collègues de travail accumuler les aventures parce qu'ils n'ont pas ces règles. Bon, notre vie n'est probablement pas menacée comme celle d'Élie, mais nous pouvons être tout aussi découragés qu'il l'était.

Est-ce qu'Élie était réellement seul? Dans le chapitre précédent, Abdias (le chef de la maison du roi Achab) avait pourtant dit à Élie : « N'a-t-on pas dit à mon seigneur ce que j'ai fait quand Jézabel tua les prophètes de l'Éternel? J'ai caché cent prophètes de l'Éternel, cinquante par cinquante dans une caverne, et je les ai nourris de pain et d'eau » (1 Rois 18.13). Élie n'était pas seul : une centaine de prophètes de l'Éternel étaient dans une caverne. Plus tard, Dieu lui dit : « Mais je laisserai en Israël sept mille hommes, tous ceux qui n'ont point fléchi les genoux devant Baal, et dont la bouche ne l'a point baisé » (1 Rois 19.18). Sept mille autres hommes de plus avaient gardé leur cœur dans une autre ville.

Non, vous n'êtes pas seuls avec vos standards. Même si vous ne trouvez pas un partenaire à votre goût à votre église, cela ne signifie pas qu'il est inexistant. Qui sait?! Cette personne spéciale vit peut-être dans une autre ville, ou encore, elle est bien cachée dans une caverne! Blague à part, évitez de tomber dans le découragement. Ou pire, ne décidez pas d'abaisser vos standards pour vous mettre en couple. Si vous vous sentez épuisés émotionnellement durant ce temps d'attente, inspirez-vous de l'histoire d'Élie pour retrouver vos forces et votre foi.

Juste avant de parler à Élie, Dieu lui a d'abord permis de se reposer et par un ange, Il lui a redonné des forces en le nourrissant (1 Rois 19.5-9). Élie venait d'accomplir un exploit extraordinaire, en plus d'égorger de ses propres mains 400 faux prophètes. C'est un acte assez barbare d'un point de vue moderne, mais qui a dû être très exigeant

Constance, foi et persévérance

physiquement pour Élie. Recevoir une menace de mort de la part de la reine la plus sanglante du monde a dû complètement le renverser émotionnellement. Bref, il était épuisé, dans son corps et dans son âme, pas étonnant qu'il s'est mis à avoir des pensées noires.

Il en va de même pour nous. Lorsque nous sommes totalement découragés à regarder notre statut social, que nous n'avons plus aucune joie à voir nos amis se fiancer, que nous sommes prêts à abandonner nos standards pour en finir avec notre célibat, nous sommes peut-être seulement trop fatigués. Être célibataire peut être éreintant (nous ne pouvons compter que sur nous-mêmes) et surtout exigeant émotionnellement. Le découragement peut nous être inspiré par l'ennemi ou il peut tout simplement apparaître parce que nous sommes épuisés.

Lorsque le découragement vient, nous pouvons prendre autorité et le refuser. Mais si cela ne semble pas fonctionner, il est temps de prendre congé. Vous avez peut-être besoin de prendre des vacances ou de faire une pause dans vos recherches d'un partenaire. Vous êtes possiblement trop occupés à vous donner tout entier au ministère ou à votre famille. Il est bon de s'arrêter, par moment, et de se reposer. Faites comme Élie : couchez-vous sous un genêt et laissez un ange vous nourrir! Bon, peut-être pas, mais cuisinez-vous un bon repas et allez au lit plus tôt pendant quelques jours. Prenez congé de toutes vos réunions en soirée, même du travail si possible, et dorlotez-vous un peu. Retrouvez votre force, votre paix, votre joie, et ensuite, concluez ce moment de repos par un temps avec Dieu. Videz votre cœur dans sa présence et par la suite, laissez-lui vous encourager, vous donner des solutions.

C'est ce que Jésus a imposé à ses disciples qui revenaient d'un long voyage d'évangélisation. « Jésus leur dit : venez à l'écart dans un lieu désert, et reposez-vous un peu. Car il y avait beaucoup d'allants et de venants, et ils n'avaient même pas le temps de manger » (Marc 6.31). Lorsque nous sommes découragés, au bord du désespoir, c'est parfois tout simplement de l'épuisement. Reposez-vous, puis parlez avec Jésus. « Venez à moi, vous tous qui êtes fatigués et chargés, et je vous donnerai du repos » (Matthieu 11.28).

Le stress de l'attente

Fermez les yeux (après avoir lu ce paragraphe, bien sûr!). Imaginez-vous assis devant Dieu, celui qui a créé tout l'univers avec simplement sa parole. Il connaît votre passé et votre futur, et Il sait exactement ce que vous ressentez en ce moment même. Regardez droit dans ses yeux d'amour, prenez une grande inspiration et en expirant, dites-lui : « Oui, je te fais confiance ». Si vous êtes sincères, vous sentirez instantanément la pression sur vos épaules s'estomper. Si la pression était si forte que vous devez répéter l'expérience à nouveau, n'hésitez pas, votre Père aime vous voir vous abandonner à lui. Et si vous éprouvez le besoin d'exploser en larmes de colère, de découragement ou de reconnaissance, laissez-vous aller (à moins d'être dans l'autobus, en pleine heure de pointe!).

Attendre après la réponse à notre prière, comme celle de trouver un partenaire de vie, peut être très stressant. Certains jours, nous sommes si concentrés sur d'autres projets que nous oublions notre statut social. Mais parfois l'attente se fait lourde à porter. « Il est bon d'attendre en silence le secours de l'Éternel », soupirait Jérémie, alors qu'il était vraiment découragé de sa situation (Lamentations 3.26).

David a également connu ces moments de tension quand ses prières semblaient sans réponse. « Jusques à quand, Éternel, m'oublieras-tu sans cesse? Jusques à quand me cacheras-tu ta face? » (Psaumes 13.2) Ici, il attendait le secours de son Dieu pour un tout autre problème que le célibat, mais le sentiment est le même. C'est aussi dans les Psaumes que David chante son soulagement. « Quand on tourne vers lui les regards, on est rayonnant de joie, et le visage ne se couvre pas de honte » (Psaumes 34.5).

Si la pression de l'attente devient lourde, c'est que nous avons oublié un ingrédient essentiel. Dieu ne nous impose jamais une tâche sans nous équiper pour l'accomplir. S'Il nous demande d'attendre, Il nous donne aussi le moyen de le faire sans être misérables. Comment? En lui faisant confiance.

Lorsque nous avons confiance en Dieu, nous avons la paix. Si nous sommes convaincus qu'Il désire le meilleur pour nous, nous retrouvons la joie. Tous les fruits de l'Esprit (Galates 5.22) sont manifestés dans notre vie quand nous lui faisons confiance. Nous prenons enfin les bonnes décisions qui nous mènent là où Dieu veut que nous soyons.

Or, nous pouvons croire quelqu'un seulement si nous le connaissons bien. Dieu ne nous explique pas ses plans en détail et Il agit souvent en notre faveur, mais dans le secret. L'entendre peut être un défi, nous ne pouvons pas le voir, alors lui faire confiance peut être difficile. Heureusement, nous avons le Saint-Esprit pour nous aider. « Lequel des hommes, en effet, connaît les choses de l'homme, si ce n'est l'esprit de l'homme qui est en lui? De même, personne ne connaît les choses de Dieu, si ce n'est l'Esprit de Dieu » (1 Corinthiens 2:11).

Pendant que vous attendez l'élu de votre cœur, ou la réponse pour une autre prière, développez une relation profonde avec le Saint-Esprit. Il vous révélera peut-être ce que Dieu est en train de faire, pour réaliser vos rêves. Ou encore, Il vous convaincra de certains attributs de Dieu qui vont vous rassurer dans votre attente. Quand le résultat semble tarder, prenez une grande respiration, et choisissez de faire confiance à Dieu. « Recommande ton sort à l'Éternel, mets en lui ta confiance, et il agira » (Psaumes 37.5).

Où vous mènent vos pensées?

« La foi est une ferme assurance des choses qu'on espère, une démonstration de celles qu'on ne voit pas » (Hébreux 11.1). La foi c'est d'être convaincu que nous avons déjà la réponse à notre prière, même si ce que nos yeux voient nous dit le contraire. Or, pour avoir cette assurance, nous devons prendre garde à nos pensées, car elles peuvent facilement vagabonder dans la mauvaise direction. Vous êtes-vous déjà laissés emporter dans une spirale déprimante? Tout commence par un : « Je lui ai laissé mon numéro de téléphone et elle ne m'a pas rappelé ». Et cette pensée devient : « Il n'y a jamais aucune fille qui me téléphone ». Puis cette pensée se transforme en : « Je suis un cas désespéré, personne ne voudra jamais de moi ». Et la chaîne peut s'amplifier jusqu'à devenir vraiment insupportable.

Si nous amenons ces pensées à Dieu, Il nous questionnerait certainement comme Il l'a fait à Adam dans Genèse 3.11. « Mais qui t'a dit que tu étais un cas désespéré? » C'est une excellente question à se poser, lorsque nos pensées nous conduisent dans l'abattement. D'où viennent-elles? Cela correspond-il à ce que Dieu dit de vous dans Sa Parole? Si ce n'est pas le cas, rappelez votre âme à l'ordre, comme David le faisait. « Pourquoi t'abats-tu, mon âme, et gémis-tu au dedans de moi? Espère en Dieu, car je le louerai encore; Il est mon salut et mon Dieu » (Psaumes 43.5).

Nous devons nous arrêter et analyser nos pensées, car si elles prennent racine dans notre cœur, elles peuvent nous empoisonner ou nous mener au péché (Marc 7.21-23). Nous devons faire cet exercice surtout pendant notre célibat parce que personne d'autre n'entend ce qui se passe dans notre tête. Personne ne peut nous faire remarquer que nous exagérons ou que nous dérivons. Lorsque le fil de vos pensées vous conduit dans la crainte ou dans l'angoisse, dans la tristesse ou le désespoir, mettez-y tout de suite un frein, puisqu'elles ne viennent certainement pas de Dieu. Rappelez-vous que vos déclarations sont puissantes, comme nous l'avons vu dans le chapitre précédent : si vos pensées vous amènent à dire des paroles défaitistes, vous allez récolter la défaite. D'ailleurs, une personne négative est bien peu attirante!

Passez donc vos pensées sous le filtre de Philippiens 4.8. « Au reste, frères, que tout ce qui est vrai, tout ce qui est honorable, tout ce qui est juste, tout ce qui est pur, tout ce qui est aimable, tout ce qui mérite l'approbation, ce qui est vertueux et digne de louanges, soit l'objet de vos pensées ». C'est un exercice qui vous sera nécessaire durant votre célibat, mais que vous continuerez à utiliser lorsque vous serez mariés. Pratiquez-vous dès maintenant!

Pour éviter que vos pensées escaladent dans la mauvaise direction, forcez-les à prendre une orientation pleine de foi. « La fille ne m'a pas rappelé. » Au lieu d'être pessimiste, souriez et giflez l'ennemi en proclamant le contraire. « Ça m'étonne parce que je suis un homme merveilleux! » Et continuez... « Bientôt, il y a une femme formidable qui va me demander où j'étais depuis toutes ces années! » N'arrêtez pas là... « Et nous allons nous marier, avoir une quinzaine d'enfants... » Lorsque votre ligne de pensées se termine en un fou rire, vous savez que vous avez remporté la victoire. Dieu vous a donné l'autorité sur vos pensées, utilisez-la et restez toujours dans la foi!

Le roi est mort, vive le roi!

Sous les régimes monarchiques, le roi était bien sûr la pièce maîtresse. Il était impensable de laisser le trône vide. Dès qu'un monarque décédait, son successeur prenait immédiatement la place, d'où la fameuse : « Le roi est mort, vive le roi ». Il en va de même avec certains de nos rêves. Parfois, nous poursuivons un rêve depuis notre jeunesse. Or, le temps ou nos erreurs peuvent avoir rendu cette ambition impossible à atteindre. Nous pouvons nous accrocher si fermement à ce rêve désormais inaccessible, que nous en perdons toute joie de vivre dans le moment présent. Même si nous servons un Dieu de l'impossible, il est parfois sage de laisser certains rêves mourir pour s'en créer de nouveaux.

« J'aurais voulu être svelte, mais j'ai fait de mauvais choix alimentaires. » « J'aurais voulu être riche, mais j'ai fait de mauvais placements. » « J'aurais voulu avoir des enfants, mais je n'ai jamais trouvé le partenaire parfait. » Nous pouvons prendre de mauvaises décisions et rater notre cible, ou être dans l'incapacité de poursuivre nos rêves pour toutes sortes de raisons hors de notre contrôle. Or, si nous restons accrochés à ces vieux rêves, nous ne bâtissons pas notre avenir. Certaines opportunités ne reviendront jamais. Nous devons arrêter de vivre dans le regret et passer au plan B.

Lorsque Samuel a oint Saül pour être roi, le plan de Dieu pour sa vie était grandiose. « Demain, à cette heure, je t'enverrai un homme du pays de Benjamin, et tu l'oindras pour chef de mon peuple d'Israël. Il sauvera mon peuple de la main des Philistins; car j'ai regardé mon peuple, parce que son cri est venu jusqu'à moi » (1 Samuel 9.1). Mais Saül a désobéi et le plan de Dieu a été changé. « Samuel dit à Saül : Tu as agi en insensé, tu n'as pas observé le commandement que l'Éternel, ton Dieu, t'avait donné. L'Éternel aurait affermi pour toujours ton règne sur

Israël; et maintenant ton règne ne durera point. L'Éternel s'est choisi un homme selon son cœur, et l'Éternel l'a destiné à être le chef de son peuple, parce que tu n'as pas observé ce que l'Éternel t'avait commandé » (1 Samuel 13.13-14).

Le plan A de Dieu était d'affermir le règne de Saül pour toujours, mais Saül a désobéi, a péché, et il a perdu son privilège. Pour sauver Israël de ses ennemis, Dieu est donc passé au plan B : en choisissant David. Et nous connaissons tous la magnificence du roi David! Souvent, le plan B peut être encore meilleur que le plan A.

« J'aurais voulu me marier, avoir des enfants, et servir le Seigneur avec ma famille. » C'est un beau rêve, effectivement, mais le temps ou vos erreurs n'ont pas rendu cette aspiration possible. Passez donc au plan B. Les avantages à vivre sans enfant sont nombreux. Imaginez tout ce que vous pourrez accomplir pour l'avancement du Royaume de Dieu sans cet attachement. C'était d'ailleurs le point que tentait de faire valoir Paul, dans 1 Corinthiens 7.

Arrêtez de regretter la vie que vous aviez rêvée. Pardonnez-vous vous-mêmes, ou pardonnez à ceux qui vous ont offensés, et laissez tout cela derrière. Refusez de perdre votre temps en pensant à votre passé, incluant vos rêves d'hier. Estimez ce que vous êtes maintenant et profitez au maximum de vos talents et de votre expérience (bonne ou mauvaise) pour devenir un serviteur efficace pour Christ. Gardez en tête que votre plan B sera certainement meilleur que votre plan A! Un rêve est mort, vive les nouveaux rêves!

Comment prier pour son futur mariage

Plusieurs chrétiens aiment citer le verset : « Tout ce que vous demanderez avec foi par la prière, vous le recevrez » (Matthieu 21.22). Certaines personnes appuient particuliè-rement sur le mot « foi » dans ce passage, en disant que nous devons être convaincus de ce que nous demandons, ce qui est vrai. Pour d'autres, c'est le mot « tout » qui les attire le plus. Pouvons-nous vraiment espérer recevoir n'importe quoi?

Jacques 4.3 précise un peu cette pensée. « Vous demandez, et vous ne recevez pas, parce que vous demandez mal, dans le but de satisfaire vos passions. » Gardant cela en tête, si nous relisons le verset précédent, nous comprenons que c'est « tout ce que nous demandons avec foi », donc tout ce que nous demandons dans le contexte de notre foi, dans la volonté de Dieu, nous allons le recevoir. C'est ce que précise aussi 1 Jean 5.14 : « Nous avons auprès de lui cette assurance, que si nous demandons quelque chose selon sa volonté, il nous écoute ».

En priant pour notre futur mariage, nous devons d'abord demander à Dieu ce qui est dans sa volonté. Est-ce que l'apparence est importante pour Dieu? Est-ce que le cœur et la foi sont essentiels à ses yeux? Vous pouvez bien sûr énumérer à votre Père céleste vos préférences personnelles en tant que couleur de cheveux, grandeur, grosseur, etc. Il connaît vos goûts, mais Il aime beaucoup vous entendre lui en parler. C'est aussi bon pour vous de les verbaliser, cela vous permet de voir si vos inclinations sont futiles ou non. Mais avant d'exiger quoi que ce soit à Dieu, assurez-vous que ce que vous demandez est dans sa volonté. Lorsque vous déclarez à Dieu que votre famille servira l'Éternel, comme dans Josué 24.15, c'est sûr qu'Il vous écoute.

Très peu de chrétiens ont une vie de prière. Et ceux qui prennent le temps de prier le font souvent pour donner une liste d'épicerie à Dieu : « fais ceci... fais cela... ». Puis, ils repartent vaquer à leurs occupations. Non seulement c'est un manque de respect envers le Roi des rois (Il n'est pas un petit génie dans une bouteille!), mais c'est aussi un manque d'affection. Tout ce que Dieu désire, c'est d'avoir une relation avec nous. Le péché nous séparait de Lui, alors Il a envoyé son Fils unique payer un fort prix pour que nous puissions avoir accès à Sa Présence. C'est à ce point-là que Dieu nous poursuit.

Prier pour notre futur mariage est donc bien plus qu'énumérer tout ce que nous désirons, mais c'est également de développer une relation solide et une amitié sincère avec Dieu. Le meilleur mariage est l'union de deux personnes en amour... avec Lui! La corde à trois fils ne se rompt pas facilement, dit Ecclésiaste 4.12. Si vous voulez un mariage qui dure, commencez par maintenir une bonne relation avec Dieu.

Et ceci débute par la prière, c'est-à-dire un dialogue avec le Roi de l'Univers. Nous pourrions croire que celui qui tient le monde dans ses mains à bien d'autres intérêts qu'un petit grain de sable pleurnichard! Mais non, Il dit « Vous me chercherez, et vous me trouverez, si vous me cherchez de tout votre cœur. Je me laisserai trouver par vous, dit l'Éternel » (Jérémie 29.13-14a). Il parle dans ce passage à son peuple égaré. Il leur recommande de se repentir, de changer leurs voies, parce qu'Il désire les serrer dans ses bras à nouveau. Et c'est encore son souhait pour chacun de nous.

Aimer notre femme ou homme, et discuter avec elle ou lui, ne devrait pas être une tâche lourde et ennuyeuse à faire. Alors, commençons à développer nos aptitudes de communication et d'affection en nous pratiquant avec Dieu. Prier pour son futur mariage c'est surtout de passer du temps avec Dieu pour l'écouter, pour le laisser nous transformer en la meilleure version de nous-mêmes. Parce qu'être dans Sa Présence est la meilleure place au monde!

Prière : un plan à suivre

Dans Matthieu 6, nous lisons plusieurs conseils donnés par Jésus concernant la prière. D'abord, elle doit être un moment d'intimité et de transparence totale entre nous et Dieu. Elle ne doit pas être une compétition de mots entre chrétiens, ce qui serait une façon de se faire valoir (v. 5-8). Notre prière doit aussi être un moyen de nous libérer de nos inquiétudes. Après avoir remis nos besoins à Dieu, nous devrions être en paix, confiants dans l'amour et la puissance de Dieu (v.25 à 33).

Que devrait donc inclure notre prière, lorsque nous cherchons un partenaire?

- « Notre Père qui est aux cieux! Que ton nom soit sanctifié. » (v.9)

Vous devez d'abord reconnaître à qui vous vous adressez. Ce n'est pas un génie dans une bouteille, comme nous l'avons dit plus haut. Il est votre Père, vous lui devez ce respect. Mais aussi, puisque c'est votre Père et non un dieu insensible, Il vous connaît par cœur et Il vous aime sans limites. Débutez donc toujours vos prières en lui donnant le respect et l'honneur qui lui revient. Quoi de mieux, lorsque vous commencez une conversation avec quelqu'un d'important, que de le faire par des compliments et des remerciements? Vous avez certainement des choses pour lesquelles vous êtes reconnaissants, même dans votre célibat.

- « Que ton règne vienne; que ta volonté soit faite sur la terre comme au ciel. » (v.10)

Avant de présenter vos propres besoins, priez d'abord pour les siens! Priez pour les âmes perdues, pour les églises, pour la paix, bref, pour que son règne s'établisse sur cette terre. Dieu vous a donné des talents particuliers et vous seuls pouvez accomplir votre tâche dans son Royaume. Prier pour cela, pour votre ministère. Laissez-lui vous montrer ce que vous devriez faire aujourd'hui, pendant votre saison de célibat, pour que son influence grandisse dans ce monde.

- « Donne-nous aujourd'hui notre pain quotidien. » (v.11)

Après avoir redonné à Dieu son trône sur votre vie, après avoir placé ses besoins avant les vôtres, c'est le temps de lui présenter vos requêtes. Il n'y a rien de mal à être célibataire, mais il est aussi tout à fait légitime de vouloir se marier. Si vous avez ce désir, dites-le à Dieu! Oui, Il les connaît déjà, mais lorsque vous lui en parlez, vous les remettez entre ses mains. Et cela lui plaît beaucoup.

- « Pardonne-nous nos offenses, comme nous aussi nous pardonnons à ceux qui nous ont offensés. » (v.12)

Une fois que vous avez demandé à Dieu de vous aider à trouver un partenaire, soyez assez humble pour lui permettre de vous corriger. Éprouvez-vous encore de la rancune envers votre « ex »? Avez-vous besoin de vous pardonner vous-mêmes d'une naïveté passée? Dieu vous pointera peut-être une attitude à changer ou un comportement différent à adopter. Laissez Dieu vous amener dans la repentance et vous libérer.

- « Ne nous induis pas en tentation, mais délivre-nous du malin. Car c'est à toi qu'appartiennent, dans tous les siècles, le règne, la puissance et la gloire. Amen! » (v.13)

Enfin, demandez à Dieu de vous aider à discerner les pièges qui vous guettent pendant votre recherche. En le lui demandant, vous demeurerez automatiquement sur vos gardes. « Aide-moi à garder mon cœur », pourriez-vous dire. Et bien sûr, terminez votre temps de prière avec reconnaissance et louanges.

La prière de Jésus est loin d'être une formule magique, mais elle est une source d'inspiration pour rester concentré sur ce qui est vraiment essentiel.

En résumé...

Si vous n'avez toujours pas trouvé un partenaire de vie, gardez espoir. Faites les petits pas que Dieu vous met à cœur de faire et faites-lui confiance. Gardez un bon équilibre dans votre vie de prière et un bon filtre dans vos pensées.

CHAPITRE 10
CONCLUSION

Après la lecture de ce livre, vous aurez peut-être quelques ajustements à faire. Vous ne serez jamais parfaits au moment de rencontrer votre partenaire de vie, mais tout ce que vous allez améliorer avant de le trouver rendra votre relation de couple un peu plus facile. Pour le reste, nous avons le Saint-Esprit! Comme Il est celui qui nous conduit dans la vérité (Jean 16.13) et dans la paix (Psaumes 23.2), nous avons tout avantage à développer notre relation avec lui. C'est donc là l'ultime priorité de notre vie, ne l'oublions pas.

Permettez-moi de terminer votre lecture en priant pour vous.

« Seigneur, je t'élève le célibataire qui vient de terminer ce livre. Je sais que chaque lecteur est différent et que les sujets que nous avons abordés ici ne s'appliqueront pas à tout le monde, mais je suis certaine qu'il y a au moins quelques points qui l'ont touché. Je te demande de l'aider à affirmer ses pas. Sois présent dans sa vie comme jamais auparavant. Viens envahir toute son existence de ta paix, ta force et ta joie. Fais-le rire et fais-lui sentir ton amour. Viens arroser sa foi pour qu'elle grandisse et invite-le à entrer dans son appel.

Tu es concerné pour tous nos besoins, ce qui inclut notre désir d'être en couple. Alors je te remercie déjà des partenaires potentiels que tu vas mettre sur sa route. Je prie que ses yeux soient ouverts et qu'il ne manque pas ces opportunités. Donne-lui le courage de faire les premiers contacts lorsque ce sera le temps, en fortifiant son identité en toi. Je brise toutes paroles de malédiction prononcées sur sa vie et je déclare maintenant que le sang de Jésus vient lui donner une nouvelle généalogie.

Père, aide-le à garder son cœur et à résister aux tentations. Bénis-le, pardonne-le, guéris-le et prospère-le. Sois glorifié par sa vie, par ses choix, par sa foi. Que ta volonté s'accomplisse dans tous les domaines de sa vie, car en toi nous trouvons tout ce dont nous avons besoin. C'est à toi qu'appartiennent, dans tous les siècles, le règne, la puissance et la gloire. J'ai prié au nom de Jésus. Amen! »

AUTRE LIVRE DE PASSION374

**Quand ça clique!
Un guide pratique
pour chercher un(e)
partenaire chrétien(ne) en ligne**

L'utilisation des sites de rencontres est un moyen de plus en plus prisé par les célibataires pour trouver un partenaire. Est-ce que les chrétiens devraient employer cette méthode? Est-ce possible de naviguer sur ces sites tout en gardant notre foi intacte? Oui, ce l'est! Malheureusement, le poids des préjugés concernant cet outil est très lourd, surtout dans les églises. Plusieurs célibataires chrétiens décident donc de s'y aventurer en secret, ce qui entraîne bien souvent des conséquences désastreuses. Dieu veut être avec nous dans chaque étape de notre vie et surtout pendant notre recherche d'un partenaire.

Parlons-en donc ouvertement! Qu'est-ce que la Bible dit sur les sites de rencontres? Comment devrions-nous nous préparer avant d'entrer en relation de couple? Quels sites sont recommandables pour des chrétiens et que devrions-nous afficher sur notre profil? Et que faire lorsque cela ne fonctionne pas?

Caroline et Tobias se sont rencontrés sur un site de rencontres chrétien. Ils ont fait des erreurs et trouvé des trucs précieux. Maintenant mariés et à la tête de Passion374, un service pour célibataires chrétiens, ils ont décidé de mettre par écrit tout ce dont ils ont appris sur le sujet. Laissez leurs conseils vous apporter le support et la paix dont vous avez besoin pour naviguer en toute sûreté sur ces sites.

www.ingramcontent.com/pod-product-compliance
Lightning Source LLC
Chambersburg PA
CBHW020855090426
42736CB00008B/380